学/者/文/库/系/列

U0645200

数字化经济的商业模式概论

蒋德伟◎著

哈尔滨工程大学出版社
Harbin Engineering University Press

内 容 简 介

本书是有关数字化经济的商业模式的理论专著。从数字化经济的背景和意义入手,阐释了数字化经济的基本概念、主要特点及其对传统经济的影响,介绍了数字化经济下商业模式的特点和分类,分析了数字化经济的价值链和市场,揭示了数字化经济的组织架构、风险管理、法律合规管理、营销策略、数据管理、人才管理和跨文化管理的逻辑,展望了数字化经济的发展趋势,同时深度剖析国内外企业的经典案例,并以传统的酒类企业为例探讨其数字化转型的商业模式。

本书对于企业决策者、行业研究者,以及想要了解数字化经济和商业模式的读者来说,具有重要的阅读和参考价值。

图书在版编目(CIP)数据

数字化经济的商业模式概论 / 蒋德伟著. -- 哈尔滨：
哈尔滨工程大学出版社, 2024. 8. -- ISBN 978-7-5661
-4522-2

Ⅰ. F71

中国国家版本馆 CIP 数据核字第 2024MC1284 号

数字化经济的商业模式概论
SHUZIHUA JINGJI DE SHANGYE MOSHI GAILUN

选题策划	暴 磊
责任编辑	暴 磊
封面设计	李海波

出版发行	哈尔滨工程大学出版社
社 址	哈尔滨市南岗区南通大街 145 号
邮政编码	150001
发行电话	0451-82519328
传 真	0451-82519699
经 销	新华书店
印 刷	哈尔滨午阳印刷有限公司
开 本	787 mm×1 092 mm 1/16
印 张	11
字 数	181 千字
版 次	2024 年 8 月第 1 版
印 次	2024 年 8 月第 1 次印刷
书 号	ISBN 978-7-5661-4522-2
定 价	48.00 元

http://www.hrbeupress.com
E-mail：heupress@ hrbeu. edu. cn

前　　言

数字化经济已经对当今社会的经济产生了深刻的影响，电子商务、移动支付、社交媒体、在线服务、智慧城市等给普通人的生活带来了便利与舒适；云计算、大数据、智能设备、5G 通信等让许多企业完成了数字化转型，占据了市场的优势地位。在商业领域，数字化经济的兴起，不仅为企业创造了新的发展机遇，也重塑了整个商业生态系统。这些都昭示着数字化经济时代的到来，传统经济向数字化经济的方向发展是大势所趋，不可阻挡。

学术理论源于实践，又反过来指导实践。当前，数字化经济发展迅猛，一日千里，已经成为全球经济发展的新引擎，但对相关理论的总结、探索和研究还有待完善，有关商业领域数字化经济的理论研究也同样如此。什么是数字化经济，它对企业价值链和市场产生怎样的影响，企业应以怎样的商业模式、组织架构、营销策略来面对这一历史性转折，如何成功实现数字化转型以迎接数字化经济带来的机遇和挑战……这些是所有传统企业需要思考的问题，也是编写本书的初衷所在。

本书共分为十五章：第一章从数字化经济的背景和意义入手，深入探讨了数字化经济研究的必要性；第二章阐释了数字化经济的基本概念、主要应用领域、主要特点及其对传统经济的影响；第三章剖析了数字化经济下商业模式的特点和分类；第四章解释了价值链的概念，分析了构成数字化经济价值链的主要环节、主要特点和参与者，探讨了数字化经济价值链的优化；第五章对数字化经济市场的规模、结构和需求进行分析，阐述了数字化经济市场的竞争格局和趋势；第六章提出了数字化经济商业模式的设计原则、价值主张，以及企业应具备的关键资源和能力；第七章重点介绍了商业模式设计的主要方法，即画布法；第八章介绍了数字化经济的组织架构的种类、设计原则，数字化经济管理的内容，以及数字化经济组织架构和管理的创新模式；第九章主要探讨了数字化经济中企业面临的风险，以及数字化经济的风险管理和法律合规管理；第十章从概念、特点、关键策略入手，讨论了数字化经济的营销策略，以及营销的效果评估和优化，见证企业如何利用数据驱动决策，实现精准营销，提升运营效率；第十一章阐述了数字化经济数据的价值和特点，以及数据管理的原则和方法；第十二章讨论了数字化经济创新文化的特点，以及数字化经济人才管理的挑战和策略；第十三章着眼于数字化经济的全球化趋势和影响，探讨了数字化经济跨文化管理面临的挑战和应对策略；第十四章以传统的酒类企业为例，探讨了传统的酒类企业的核心竞争力、数字化转型和商业模式设计；第十五章展望了数字化经济的发展趋势，分析了数字化经济发展的机遇和挑战，以及数字化经济发展的策略。数字化经济的商业模式凭借互联网的广泛覆盖和智能化技术的强大支持，重塑了价值创造和传递方式。本书通过对大量典型案例的分析，帮助读者更好地理解数字化经济商业模式的实际应用和价值，看到数字化技术如何打破传统的商业边界，创造出全新的价值，思考在数字化浪潮中，企业该如何保持竞争力，实现可持续发展。同时，以传统的酒类企业为例，探讨其数字化转型的商业模式，填补了国内相关领域研究的空白。

希望本书能够为企业决策者、行业研究者及相关从业者提供有益的参考和启示，帮助其更好地理解和适应这一快速变化的商业环境。同时，也希望本书能够激发更多关于数字化经济的创新思考和实践探索，从而推动经济的持续发展。

由于作者水平有限，书中难免有疏漏和不足之处，敬请专家、读者批评指正，以期本书所涉及的理论在未来得到完善。

著　者

2024 年 4 月 30 日

目　　录

第一章 引 言

近几十年来，科学技术在世界范围内迅猛发展，尤其是互联网、信息技术不断取得创新与突破。随着这些创新科技的广泛应用，数字技术深入人们工作和生活的方方面面，可以说，当前我国已完全进入数字化时代。数字化经济也以惊人的速度改变着社会经济生活，不仅为企业和个人带来了前所未有的机遇，也使传统的经济模式和生活方式发生了深刻的变革。

在社会经济生活中，数字化技术的应用无处不在。数字化经济的发展打破了时间和空间的限制，让人们能够更加便捷地进行交流和交易。电子商务、在线支付、远程办公等新兴业态的兴起，使消费者足不出户就能购买到全球各地的商品和服务，企业也能够更加高效地开展业务。这种便捷性不仅提高了生产效率，还极大地促进了消费升级。

同时，数字化经济也催生了大量的创新创业机会。大数据、人工智能、云计算等领域的快速发展，为创业者们提供了广阔的发展空间。新的商业模式和竞争格局不断涌现，推动了各行各业的优胜劣汰和转型升级。在这个过程中，数字化经济也为社会创造了更多的就业岗位，培养了一批高素质的数字化人才。

此外，数字化经济还推动着社会治理和公共服务的创新。政府部门通过大数据分析和人工智能技术，可以更加精准地了解社会需求，优化资源配置，提高公共服务的质量和效率。例如，智能交通系统的应用可以缓解城市交通拥堵，智慧医疗可以提升医疗服务水平，这些都为人们的生活带来了实实在在的便利。

数字化经济已经成为当前社会经济生活中不可或缺的一部分。它带来的深刻变革不仅改变了人们的生活方式和消费习惯，也推动了产业升级和创新发展。我们应该积极拥抱数字化经济，不断深化对数字化经济的研究，大力推动数字化经济的发展，以适应这一时代潮流。

一、数字化经济的背景和意义

(一)数字化经济的背景

目前,数字化经济正在以惊人的速度发展,并给我们的社会经济生活带来了深刻的变革。这种变革不仅改变了人们的生活方式和消费习惯,也对企业的运营和发展产生了深远的影响。数字化经济的产生有其必然性。概括来说,数字化经济的产生和发展是由信息技术的进步、消费者需求的变化、全球化竞争的加剧及政策支持等多种因素共同促成的。

首先,信息技术的进步是数字化经济兴起的重要背景。随着互联网、大数据、人工智能等技术的不断突破和广泛应用,信息的传播和处理变得更加高效和便捷,这为数字化经济的发展提供了坚实的技术基础。以电子商务为例,正是得益于互联网和移动支付的普及,人们才能够通过手机轻松购买各种商品和服务,极大地提高了消费的便利性和效率。

其次,消费者需求的变化是推动数字化经济发展的关键因素。在信息时代,消费者对个性化、便捷化的产品和服务的需求日益增加,数字化经济通过大数据分析和人工智能等技术,可以深入了解消费者的需求,从而更好地满足这些需求。例如,一些电子商务平台通过智能推荐系统,根据消费者的历史购买记录和喜好,为其提供个性化的商品推荐,提高了消费者对购物体验的满意度。

再次,全球化竞争的加剧促使企业加快了数字化转型的步伐。在全球化的市场环境下,企业面临着更加激烈的竞争,需要不断提高自身的竞争力和效率。数字化经济可以帮助企业优化运营流程、降低成本、提高产品和服务质量,从而在市场中脱颖而出。许多传统企业通过引入数字化技术,实现了业务的升级和创新,如制造业的智能工厂和物流业的物联网。

最后,政策支持也是数字化经济发展的重要推动力。世界各国都意识到数字化经济的重要性和紧迫性,纷纷出台扶持政策和措施,鼓励和支持数字化经济的发展。近年来,中国大力推动"互联网+"战略,鼓励传统行业与互联网融合发展,有力地促进了数字化经济的蓬勃发展。

(二) 数字化经济的意义

数字化经济作为一种全新的经济形态, 对推动我国社会经济生活各方面的发展有十分重要的意义, 主要体现在以下七个方面。

1. 提高生产效率和资源配置效率

数字化经济的基础是数字化技术。数字化技术可以实现生产过程的智能化和自动化, 从而提高生产效率、降低生产成本。同时, 大数据和人工智能等技术可以优化资源配置, 提高资源利用效率, 促进经济的可持续发展。

在生产方面, 数字化技术可以实现生产过程的自动化和智能化。在制造业, 企业可以通过使用工业机器人、自动化生产线等数字化设备, 提高生产效率, 减少人工操作的错误和时间成本。同时, 数字化技术还可以实现对生产过程的实时监控和数据分析, 帮助企业及时发现问题并进行调整, 进一步提高生产效率。以汽车制造业为例, 数字化工厂可以通过智能化的生产线和物流系统, 实现高效的生产和装配; 通过传感器和物联网技术, 生产设备可以自动检测和调整工作状态, 确保生产过程的稳定性和高效性。此外, 大数据分析可以帮助企业优化生产流程, 预测市场需求, 从而更好地安排生产计划, 减少库存浪费。

在供应链方面, 数字化经济可以促进企业之间的协同合作, 提高供应链的整体效率。通过数字化平台, 企业可以实现信息共享、业务协同和供应链整合, 从而降低交易成本, 提高资源利用效率。数字化供应链管理系统可以在供应商、生产商、分销商和零售商之间实现实时的信息交流和工作协同, 通过共享订单、库存和物流信息, 各方可以更好地协调生产和配送计划, 减少库存积压和缺货现象, 从而提高整个供应链的效率。

在资源配置方面, 数字化经济可以通过大数据和人工智能等技术, 实现对资源的优化配置。在物流行业, 数字化平台可以实时监控货物运输的位置和状态, 优化运输路线, 提高物流效率, 减少资源的浪费。此外, 数字化技术还可以帮助企业更好地了解市场需求和消费者的偏好, 从而精准地配置资源, 提高消费者对产品和服务的满意度。作为消费流通领域领头羊的电子商务平台, 则通过大数据分析和算法推荐, 了解消费者的购买历史和偏好, 并以此为依据向消费者提供个性化的商品推荐, 不仅为消费者提供了更好的购物体验，也帮助企业优化配置库存和供应链资源，从而降低运营成本。

数字化经济对于提高生产效率和资源配置效率的意义还体现在能源领域。智能电网通过数字化技术实现对电力供应和需求的实时平衡，提高能源利用效率，减少能源浪费。此外，数字化经济还可以促进可再生能源的发展和整合，优化能源结构，减少资源浪费和环境污染，助力绿色发展。这些都为企业和整个社会带来了巨大的经济效益和发展机遇。

2. 促进创新创业，助力中小企业发展

数字化经济为创新创业提供了广阔的空间和平台。互联网信息技术、移动互联网平台等的发展，降低了创新创业的门槛与成本，激发了社会的创新活力。

互联网和数字化技术的发展，大大降低了创新创业的门槛和成本。最明显的例子就是，随着云计算技术的不断提升，创业者无须投入大量资金就可以获得强大的计算资源，使千百万个初创企业和中小企业获得了技术带来的红利。

数字化经济打破了地域限制，使创新创业者和中小企业通过电子商务平台和跨境电子商务平台比较容易地进入全国市场，甚至是全球市场，从而面向更广阔的市场空间，不仅获得了更多的展示自己的机会，也得到了更多的交易机会。大数据、人工智能等技术可以帮助创业者更快地获取市场信息、分析用户需求，从而能够更快速准确地进行产品的研发和迭代。同时，数字化平台为中小企业提供了更加公平的市场竞争环境和更广阔的发展空间，中小企业可以通过互联网平台获取更多的资源和商机，最终实现企业的快速成长。

此外，数字化经济在带动产业链上下游发展、丰富创新创业生态、提高知识产权保护和技术交易效率，以及促进创新成果转化等方面具有重要作用。根据美国硅谷金融数据和研究提供商 Pitch Book 发布的数据，2022 年，全球风险投资额达到了创纪录的 6 810 亿美元，其中很大一部分投向了数字化领域的创新项目。在数字化经济的驱动下，未来将不断涌现更多的创新创业机会。

3. 推动产业转型升级

数字化经济对农业、工业、商业等流通领域，以及医疗、交通等服务领域起到了重要的推动作用，使这些传统产业得到了数字化、网络化、智能化的转型升级，提升了产业的竞争力和附加值。

数字化技术在制造业中的应用，推动了制造业向智能制造转型。例如，德国宝马集团的"数字工厂"，通过使用大数据、物联网和人工智能等技术，实现了生产过程的高度自动化和智能化，提高了生产效率和产品质量。数据显示，智能制造可以使生产效率提高 20%~50%，成本降低 10%~30%。

电子商务的快速发展，改变了传统的商业模式，促进了零售业、批发业等行业的升级。以淘宝、京东等电子商务平台为例，2022 年"双十一"期间，淘宝的成交额为 5 403 亿元，京东的成交额超 3 491 亿元。电子商务的兴起带动了物流、移动支付、客服等相关产业的发展，创造了大量就业机会。

数字化技术催生了移动支付、互联网金融等业务模式的创新，提高了金融服务的效率和便利性，推动了金融行业的转型升级。根据中国支付清算协会发布的数据，2022 年，中国移动支付业务金额达到 439.78 万亿元，同比增长 14.09%。

农业物联网技术的应用，实现了对农业生产过程的实时监控和精准管理。现在，通过传感器和无线网络，经营者可以实时监测土壤的湿度、温度、光照等数据，为农业生产提供科学依据。相关数据显示，农业物联网技术可以使农业生产效率提高 15%~30%，成本降低 10%~20%。

数字化医疗领域的创新，如远程医疗、医疗大数据分析等，同样提高了医疗服务的质量和效率。以美国远程医疗公司 Teladoc 为例，其在 2022 年的营收达到了 20.3 亿美元。数字化医疗可以使患者更加便捷地获得医疗服务，同时也提高了医疗资源的利用效率。

智能交通系统的发展，改善了交通拥堵问题，提高了交通运输效率。通过对交通数据的实时分析和智能导航，可以优化交通流量，减少道路拥堵。相关数据显示，智能交通系统可以使交通拥堵减少 20%~30%，温室气体排放减少 10%~15%。

4. 促进消费升级和生活方式变革

电子商务、移动支付、在线教育、智能家居、数字娱乐、个性化服务等，这些数字化消费方式的普及，极大地便利了人们的生活，促进了消费升级，同时也改变了人们的生活方式。手机替代了钱包、电视、广播、钟表、书报刊、地图、照相机和摄像机，几乎已成为人们的"信息器官"。数字化经济所带来的生活方式的变革，切实发生在我们每一个人的身边，并已被绝大多数人熟悉，甚至习以为常。

5. 改善就业和促进就业结构调整

数字化经济在催生了大量新兴产业的同时，也带来了新的职业和就业机会。人工智能、大数据、云计算、电子商务这些新兴产业和职业需要大量的程序员、数据分析师、互联网营销师等技术人才和创新人才，为劳动力市场提供了新的就业机会。中国信息通信研究院发布的《中国数字经济发展研究报告（2023年）》数据显示，2022年，我国的数字经济规模达到50.2万亿元，占GDP（国内生产总值）的比重为41.5%。此前，中国信息通信研究院披露，2018年，我国的数字经济产业就业总人数为1.91亿，占总就业人数的比例为24.62%。

2017—2022年我国数字经济发展情况，如图1-1所示。

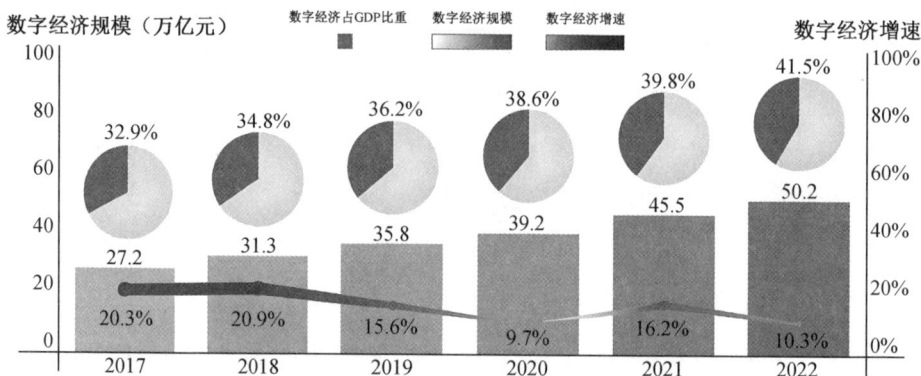

图1-1　2017—2022年我国数字经济发展情况

资料来源：中国信息通信研究院。

数字化经济的发展推动了传统产业的数字化转型，从而改变了就业结构。随着生产过程的自动化，以及传统产业生产效率的提高，就业结构从劳动密集型向知识密集型和技术密集型转变，劳动力需求减少，高技能人才的需求增加，劳动者也获得了更高的收入和更好的工作条件，工作也更加灵活和自主。

6. 提升国际竞争力

数字化经济已经成为全球经济发展的重要引擎和国际竞争的新焦点，对于我国企业更好地融入全球产业链和价值链，以及提高其在国际市场上的竞争力具有重要意义。

数字化经济通过激发创新活力，培育新技术、新产品、新业态、新模式，推动产业升级和转型，实现资源的优化配置和高效利用，提高生产效率和产品质量，并通过在全球范围内的资源共享和交易，实现消费者与生产者的直接对接，有效降低成本，拓展市场空间。

根据联合国贸易和发展会议发布的《2020 年数字经济报告》，2020 年全球数字经济规模已经达到 32.6 万亿美元，占全球 GDP 总量的 41.5%。数字化经济已经成为全球贸易的重要组成部分，预计到 2025 年，仅全球跨境电子商务贸易额将达到 2.8 万亿美元。

7. 提升政府治理效能

2022 年 6 月，国务院发布《国务院关于加强数字政府建设的指导意见》强调："将数字技术广泛应用于政府管理服务，推进政府治理流程优化、模式创新和履职能力提升，构建数字化、智能化的政府运行新形态。"

数字化技术可以提高政府的服务水平和治理效能。通过电子政务、大数据分析等手段，政府可以更好地了解民意，提供更加精准、高效的公共服务。

(1)数字化经济可以提高政府决策的科学性和精准性

数字化经济利用大数据、人工智能等技术，对海量的数据进行收集、分析和挖掘，为政府决策提供科学依据和数据支持，使政府决策更具科学性和精准性。

(2)数字化经济可以提高政府服务的质量和效率

数字化技术加强了数据的汇聚融合、共享开放和开发利用，实现了政府服务的在线化、便捷化和智能化，提高了政府服务的质量和效率。例如，在政务服务领域，政府可以利用电子政务平台，实现政务服务的"一网通办"，让企业和群众办事更加便捷高效；在教育领域，政府可以利用在线教育平台，实现优质教育资源的共享，促进教育公平。中国互联网络信息中心发布的第 50 次《中国互联网络发展状况统计报告》显示："截至 2022 年 6 月，我国网民规模为 10.51 亿，互联网普及率达 74.4%。"中国在线政务服务用户规模达到了 9.04 亿，占网民总数的 85.7%。数字化经济的快速发展为提高各级政府部门的服务水平提供了有力的支撑。目前，我国数字政府已进入以一体化政务服务为特征的整体服务阶段，一体化政务服务效能大幅提升。

（3）数字化经济可以提高政府的监管能力和水平

数字化经济可以利用区块链、物联网等技术，实现对经济活动的全程跟踪和监管，提高政府监管的能力和水平。例如，在食品安全领域，政府可以利用区块链技术，实现食品生产、加工、流通等环节的信息追溯，保障食品安全；在环保领域，政府可以利用物联网技术，实现对污染源的实时监测和管理，提高环境保护水平。根据国家市场监督管理总局通报的2022年"检验检测促进产业优化升级"行动的工作情况，全国31个省（自治区、直辖市）和新疆生产建设兵团的2万余家检验检测机构共同参与，搭建公共服务平台1 399个，组织检验检测技术帮扶59 591次，指导企业解决产品质量提升的关键问题共计40 086个，出具检验检测报告6.84亿份，提高了国家市场监督管理总局对行业、企业的监管能力和水平。

在未来的社会经济生活中，数字化经济将继续发挥重要作用，带来更多的变革和机遇。企业和个人都应积极拥抱数字化经济，不断适应这一新的经济形态，以实现更好的发展。

二、深化数字化经济研究的必要性

数字化经济不仅改变了人们的生产和生活方式，也成为经济增长的主要动力之一。然而，数字化经济是一种全新的经济形态，它与传统经济的特征和运行规律有很大的不同，在其发展过程中也会有一系列新的问题和挑战，因此，深化数字化经济研究具有重要的现实意义。

数字化经济研究可以使我们更好地理解数字化经济的本质和规律，为制定科学的经济政策提供依据。

数字化经济涉及多个学科领域，如信息技术、经济学、管理学、社会学等。跨学科研究可以整合不同学科的知识和方法，从多个角度形成数字化经济研究的理论框架，使我们能够理解数字化经济的基本概念、结构和运行机制。通过研究数字化经济的相关理论，我们可以深入探讨数字化经济的本质特征、发展规律及其对经济社会的影响。数字化经济产生的大量数据和具体案例可用于研究和分析，通过对数据的收集、整理和分析，我们可以揭示数字化经济的发展趋势、市场动态、消费者行为等信息，从而更好地理解数字化经济的本质和规律；通过研究成功的数字化企业、创新的商业模式和行业应用，我们可以深入了解数字化经济的实际运作方式、竞争优势和面临的挑战，为数字化经济的发展提供指导和启示。通过研究，我们还可以发现新的商业机会、创新方向和政策需求，以推动数字化经济的实践和创新。

同时，数字化经济的发展也带来了一系列新的问题和挑战，如数据安全、隐私保护、数字鸿沟等。通过深化数字化经济研究，我们可以深入分析这些问题的本质和原因，提出有效的解决方案和风险管理策略，更好地应对这些问题和挑战，并为数字化经济的可持续发展提供保障。

深化数字化经济研究还可以为企业的数字化转型提供指导。在数字化经济时代，企业需要进行数字化转型以适应新的经济环境。通过数据分析和趋势预测，帮助我们把握数字化经济的发展方向和变化趋势，包括技术创新、市场变化、竞争格局等方面，这有助于我们提前做好准备，应对可能出现的风险和挑战，如技术迭代、市场需求变化、竞争加剧等，从而为企业提供数字化转型的策略和方法，帮助企业提高竞争力。

深化数字化经济研究可以促进数字经济与实体经济的深度融合。数字化经济与实体经济的深度融合是未来经济发展的趋势。通过深化数字化经济研究，我们可以更好地理解数字经济如何与实体经济相互作用，为融合提供理论指导；通过深化数字化经济研究，我们可以找到适合融合的领域和业务模式，为实体经济的数字化转型指引新技术、新模式和新业态的方向，并通过探索数字经济与实体经济相融合的路径和方法，解决如提高生产效率、优化供应链、拓展市场的有效途径，以及技术标准不统一、数据共享困难、法律法规不完善等问题，促进融合的顺利进行，推动经济高质量发展。

第二章　数字化经济的概念和特点

一、数字化经济的概念和主要领域

(一) 数字化经济的概念

数字化经济是指以数字技术为基础，以数据为关键生产要素，以信息网络为主要载体，以数字经济与实体经济融合发展为重要推动力的一系列经济活动。

相较于传统的经济方式，数字化经济是一种全新的经济形态，它通过对数字技术和网络信息技术的应用，改变了传统的生产、交换、分配和消费方式，推动了经济活动的数字化转型，实现了资源的优化配置和价值的创造，进而实现了经济增长、创新和竞争力提升。

数字化经济的发展可以追溯到 20 世纪 90 年代，随着互联网技术的普及和应用，电子商务兴起，人们开始通过互联网进行商品交易。电子商务逐渐成为数字化经济的重要组成部分。数字化经济开始兴起并在过去的几十年里经历了快速发展和变革的过程，逐步成为国民经济的重要组成部分。

进入 21 世纪，云计算、大数据、人工智能等新兴技术的出现，推动了数字化经济的快速发展。这些技术的应用，使得企业可以更加高效地管理和分析数据，提高了生产效率和竞争力。随着移动互联网的普及，移动支付、网约车、共享经济等各种新业态也开始涌现。同时，数字化经济也开始向制造业、农业等传统行业渗透，推动了传统产业的数字化转型。

近年来，随着 5G 技术的商用，数字化经济迎来了新的发展机遇。5G 技术的高速率、低延迟、大连接等特点，为数字化经济的发展提供了更为坚实的技术支持。同时，区块链、物联网等新兴技术的应用，也为数字化经济的发展带来了新的动力。

随着信息技术的快速发展和广泛应用，数字化经济已经成为全球经济发展的重要引擎和国际竞争的新焦点。

(二)数字化经济的主要领域

数字化经济涉及的领域非常广，涵盖了众多行业，包括但不限于以下几个方面。

1. 数字产业

数字产业是以数据为核心资源，以数字技术为基础，以数字产品和服务为主要产出的产业集合，包括信息技术行业、通信行业、电子商务行业、数字媒体和娱乐行业等。

(1)信息技术行业：包括软件开发、计算机硬件制造、网络设备、数据中心等。当前信息技术行业在全球范围内都保持着较高的增长率。

(2)通信行业：包括电信服务提供商、移动通信、卫星通信等。随着5G技术的推广，通信行业正在经历快速发展，在最近的几年中，全球移动数据流量呈现指数级增长。

(3)电子商务行业：包括在线零售、B2B电子商务(Business to Business，企业间电子商务)、跨境电子商务等。国家统计局数据显示，2023年我国全年网上零售额为15.4万亿元，比上年增长11%。其中，全年实物商品网上零售额为13万亿元，比上年增长8.4%，占社会消费品零售总额的比重为27.6%。我国已经连续11年成为全球第一大网络零售市场。

2011—2022年全国网上零售额，如图2-1所示。

图 2-1　2011—2022 年全国网上零售额

资料来源：国家统计局。

(4)数字媒体和娱乐行业：包括在线视频、音乐流媒体、游戏、社交媒体等。数字媒体和娱乐行业在全球范围内吸引了大量用户，并创造了巨大的经济价值，预计在未来仍将继续保持长期增长。

以上这些产业是数字产业的主要领域，它们的发展也推动了数字技术的创新和应用。

2. 制造业数字化

制造业数字化是将数字技术应用于制造业中的各个环节，利用数字化技术实现制造业的智能化、自动化和柔性化升级，以提高生产效率、降低成本、提升产品质量和实现智能化生产。

(1)工业互联网行业：包括工业物联网、云计算、大数据分析等。工业互联网行业在全球范围内都保持着较高的增长率。

(2)智能制造行业：包括智能工厂、自动化生产线、机器人技术等。智能制造正在改变传统制造业的生产方式，显著地提高了生产效率和产品质量。当前，"无灯工厂""无灯车间"已开始在我国经济发达地区应用。

(3)3D打印行业：包括增材制造技术、3D打印机和材料等。3D打印在制造业中的应用不断扩大，从原型制作到小批量生产，甚至在某些领域已经实现了大规模定制化生产。

(4)物联网行业：包括传感器、智能设备和连接技术等。物联网在制造业中的应用可以实现设备的远程监控、预防性维护和生产优化。

3. 数字化金融科技

数字化金融科技是将数字和互联网技术应用于金融行业的各个环节，以提高金融服务的效率、降低成本、提高风险管理能力和满足客户需求。

(1)移动支付和数字钱包：随着智能手机的普及，移动支付和数字钱包成为数字化金融科技的重要组成部分。在我国，以支付宝和微信支付为代表的移动支付平台拥有数亿用户，而 Apple Pay 和 Google Pay 在全球范围内也得到了广泛应用。

(2)网络借贷和众筹：网络借贷平台通过互联网连接借款人和投资者，提供个人和企业贷款服务；众筹平台则允许个人和企业通过互联网向大众筹集资金。

(3)区块链和数字货币：区块链技术可以用于数字货币的创建和交易，在理论上能够提供安全和去中心化的支付方式，我国在这方面正在做积极的探索和研究。

（4）金融监管科技：随着金融科技的发展，金融监管科技也应运而生。金融监管科技利用数字技术帮助金融机构遵守法规和监管要求。目前，我国利用人工智能和大数据监测在防范金融欺诈方面已经取得了显著的成绩。

数字化金融科技的发展在全球范围内都非常活跃。在我国，金融科技也得到了政府的大力支持，成为国家战略的一部分。

4. 数字农业

数字农业是将数字和互联网技术应用于农业生产、经营、管理和服务的各个环节，改善和优化农业生产、管理和销售，实现农业生产的智能化和数字化。

（1）物联网智慧农业：通过集成应用传感器网络、自动化控制、智能识别、大数据分析等现代农业物联网技术，将农业设备、传感器和互联网连接起来，实现农业生产环境的智能感知、智能预警、智能决策、智能分析、智能控制，使农业生产过程实现自动化和智能化。在我国，农业物联网技术的应用范围也在不断扩大。根据中华人民共和国农业农村部的数据，截至2020年底，中国已经建设了超过10万个农业物联网示范项目，涉及种植、养殖、水产等多个领域，这些项目的实施表明我国农业生产的智能化水平已经得到了显著提高。

（2）农业大数据：依托于物联网技术所收集的海量的农业行业数据、生产数据、环境数据、市场数据等，通过专业的大数据分析和处理，为农业生产提供科学依据和决策支持。这包括对农作物生长数据的分析、病虫害预测、市场需求与价格趋势预测等，从而帮助农民做出种植和销售决策。

（3）精准农业：通过使用全球定位系统（Global Positioning System，GPS）、地理信息系统（Geographic Information System，GIS）、遥感技术（Remote sensing，RS）等现代信息技术，收集农田土壤、气象和作物生长数据，并通过数据分析来优化种植、施肥和灌溉等农业生产过程，实现对农田的精准管理，如精准施肥、精准灌溉、精准播种等，以达到节约资源、减少浪费、提高产量的目的。

（4）农业电子商务：利用电子商务平台，打破地域限制，拓宽销售渠道，将农产品直接销售给消费者，减少中间环节，提高农民的收入。农业电子商务的发展为农民提供了更广阔的市场，同时也提高了农产品的流通效率。2022年，中国农产品网络零售额已突破5 000亿元大关，预计随着国内农业电子商务接受度继续走高，我国农业电子商务规模将继续保持快速增长态势。

5. 数字基础设施

数字基础设施是为支持数字经济发展和数字化转型而提供的基础支持设施，包括通信网络基础设施、数据中心、云计算、人工智能等。随着数字化转型的加速推进，各国政府和企业都在加大对数字基础设施的投资，以提高数字经济的竞争力。

(1)通信网络基础设施：包括有线通信网络、无线通信网络、卫星通信网络等。以5G为例，目前全球已有超过175个国家和地区推出了5G网络服务。根据中华人民共和国工业和信息化部的数据，截至2021年底，全国累计建成5G基站超过142.5万个，实现所有地级市城区、超过98%的县城城区和80%的乡镇镇区5G网络覆盖。此外，中国的固定宽带接入用户数也在持续增长，2022年，移动、联通、电信三家基础电信企业的固定互联网宽带接入用户总数已达5.55亿户。

(2)数据中心：存储、处理和传输大量数据的设施。

(3)云计算：通过互联网按需提供可动态伸缩的廉价计算资源和服务，其按使用量付费的模式大大降低了企业的技术投入和运行费用，资源的整体利用率也大幅提高。

(4)人工智能：一种模拟人类智能的技术，包括机器学习、自然语言处理、计算机视觉等。最近横空出世的ChatGPT、Sora等人工智能应用，可能对整个社会的经济生活产生颠覆性的影响。

6. 数字贸易

数字贸易是指以数字技术为支撑，以数字化的产品和服务为主要交易对象的贸易活动，包括电子商务、数字支付、数字内容、数字服务等多个领域。

(1)电子商务：数字贸易的核心领域之一，以阿里巴巴、亚马逊等为代表的电子商务平台也在全球范围内取得了巨大的成功。

(2)数字支付：随着电子商务的发展，数字支付也成为数字贸易的重要组成部分。支付宝、微信支付等移动支付平台在中国广泛使用，而PayPal、

Stripe 等支付平台也在全球范围内提供支付服务。

（3）数字内容：包括数字音乐、数字视频、电子书籍等。以 Netflix、Spotify 等为代表的数字内容平台在全球范围内拥有庞大的用户群体，国内的今日头条、抖音等数字内容平台也以 10 亿用户的数量雄踞数字内容霸主地位。

（4）数字服务：包括云计算、软件开发、数据分析等服务。以阿里云、AWS（Amazon Web Services，亚马逊云科技）等为代表的云计算服务提供商在全球范围内提供了强大的计算资源和服务。

7. 数字医疗

数字医疗是指以数字技术为支撑、以数字化的产品和服务为主要交易对象的医疗产业，包括电子病历、远程医疗、移动医疗、医疗大数据、人工智能医疗等多个领域。

（1）电子病历：数字医疗的核心领域之一。它将患者的医疗记录以电子的方式存储和管理，包括病历、诊断、治疗方案等信息。电子病历的推广有助于提高医疗效率、减少医疗错误，并为医疗机构和医生提供更全面的患者信息。

（2）远程医疗：通过远程通信技术，实现医生和患者之间的远程诊断和治疗。它包括远程咨询、远程诊断、远程监护等。远程医疗的发展使患者可以更加便捷地获得医疗服务，特别是在偏远地区或医疗资源匮乏的地区。

（3）移动医疗：利用移动设备（如智能手机、平板电脑）提供医疗服务和健康管理。它包括移动健康应用、可穿戴设备、远程监测等。移动医疗的发展使患者可以随时随地获取医疗信息、进行健康管理和与医生进行沟通。

（4）医疗大数据：利用大数据技术对海量医疗数据进行分析和处理，以提取有价值的信息。医疗大数据的应用领域包括疾病预测、临床决策支持、医疗质量评估等。通过对医疗大数据的分析，可以提高医疗效率、降低医疗成本，并为医疗研究提供有力支持。

（5）人工智能医疗：人工智能技术在医疗领域的应用，包括医学影像诊断、疾病预测、药物研发等。通过深度学习和机器学习算法，人工智能可以帮助医生更准确地诊断疾病、制定治疗方案，提高医疗效率和质量。

2022 年，我国数字医疗服务市场的规模约为 1 954 亿元，医疗平台用户数量达 8.1 亿。数字医疗平台中占比最多的是互联网医疗，占比达 47.9%，其后分别为挂号问诊、健康管理、医药电子商务、医生助手、医疗知识。

8. 智慧城市

智慧城市是指使用一系列数字技术来丰富居民生活，改善基础设施，优化城市管理和服务，改进无障碍环境，推动可持续发展，加速经济发展的城市地区。它是实现城市各系统间信息资源共享和业务协同，推动城市管理和服务智慧化，提升城市运行管理和公共服务水平，提高城市居民幸福感和满意度，实现可持续发展的一种创新型城市。

智慧城市融合了人工智能、物联网、大数据、云计算等各领域的先进技术。传感器和通信设备的联网使实时数据收集、分析和反馈成为可能，从而令资源和服务得到更快速有效的管理。

(1)智慧交通：智能交通系统通过实时交通数据和智能算法优化交通流量，提高道路安全和交通效率。新加坡的智能交通系统通过电子收费、实时交通信息和公共交通优先等措施，将高峰时段的交通拥堵指数下降了 25%。当前我国 ETC 用户数量已接近 3 亿，ETC 车道覆盖率超过 90%。智能交通管理系统使深圳市中心区域的交通拥堵指数下降了 20% 以上，城市公共交通智能化使乘客的等候时间平均减少了 10%～15%。

(2)智慧能源：智能能源系统利用物联网技术和传感器监测能源消耗，实现能源的有效管理和优化。在我国，智能电网建设实现了全国范围内的电力互联互通，提高了电力供应的可靠性和稳定性，降低了能源的消耗和排放；小型风能、太阳能等能源系统分布式发展提高了能源利用效率，减少了对传统能源的依赖；能源互联网建设提高了能源供应的灵活性和可靠性，促进了能源向多元化和清洁化方向的发展。

(3)智慧环境：智能环境系统通过传感器和数据分析监测空气质量、水质和噪声水平等环境指标，提供实时的环境信息和预警。目前，我国已经建立了覆盖全国的空气质量监测网络、水质监测系统，垃圾的分类处理也正在逐步引入智能技术提高处理的效率和准确率。全国多个环境数据平台整合和分析各类环境监测数据，为政府、科研机构和公众提供了重要的信息支持。

我国的智慧城市建设正在如火如荼地进行。北京、上海、广州、深圳、杭州等城市在采用先进技术、创新城市规划管理方式上走在前列。截至 2023

年 5 月，已有超过 500 个中国城市表示正在推动智慧城市建设。

9. 数字教育

数字教育是利用信息技术和互联网，为学生提供在线教育平台、电子教材、虚拟实验室、远程教育等教育服务的一种教育模式。

(1)在线教育平台：数字教育的重要组成部分，它为学生提供了各种在线课程和学习资源。在我国，在线教育平台发展迅速，目前已经有许多知名的在线教育平台，如腾讯课堂、网易云课堂、爱奇艺教育等。

(2)电子教材：数字教育的另一个重要内容，它可以替代传统的纸质教材，为学生提供更加便捷的学习方式。在我国，电子教材已经得到了广泛的应用，许多学校和教育机构开始使用电子教材。

(3)虚拟实验室：虚拟实验室是利用虚拟现实技术，为学生提供模拟实验环境的一种教育方式。

(4)远程教育：通过互联网和其他通信技术，为学生提供远程教学的一种教育方式。目前，远程教育在我国已经得到了广泛应用，许多高校和教育机构都提供了远程教育课程，其用户规模已接近 4 亿。

10. 数字文化创意

数字文化创意是指以数字技术为支撑，以文化创意为核心，以知识产权为基础，以互联网为平台，通过数字化手段实现文化内容的创作、生产、传播和消费的一种新型文化产业。

(1)数字游戏：数字文化创意的重要组成部分，包括电脑游戏、手机游戏、主机游戏等。2023 年，国内游戏市场实际销售收入为 3 029.64 亿元，同比增长 13.95%，首次突破 3 000 亿元关口；用户规模为 6.68 亿，同比增长 0.61%，达到了历史新高点。

2018—2023 年中国数字游戏市场实际销售收入及增长率，如图 2-2 所示。

(2)数字音乐：通过数字技术制作、传播和销售的音乐作品，包括在线音乐、数字专辑、音乐直播等。根据中国传媒大学音乐产业发展研究中心发布的《2022 中国音乐产业发展总报告》显示，2016—2021 年，我国数字音乐市场规模从 529.56 亿元扩大到 790.68 亿元，从宏观层面来看还将持续稳步增长。

(3)数字影视：通过数字技术制作、传播和销售的影视作品，包括电影、电视剧、网络剧等。在我国，数字影视市场规模不断扩大。

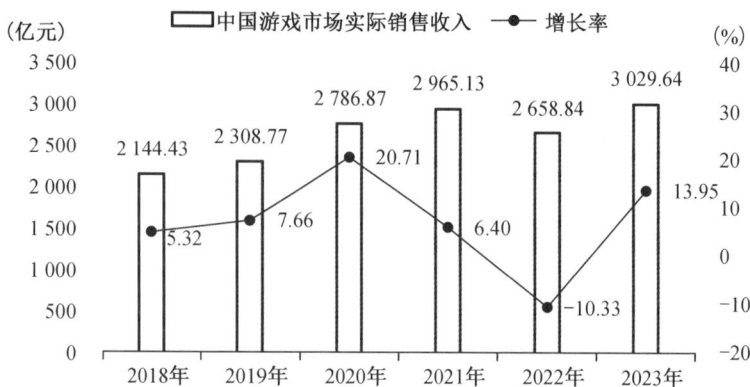

图 2-2   2018—2023 年中国数字游戏市场实际销售收入及增长率

资料来源：游戏工委、伽马数据（CNG）。

（4）数字动漫：指通过数字技术制作、传播和销售的动漫作品，包括动画电影、动画电视剧、漫画等。2023 年，中国动漫产业总产值突破 3 000 亿元。

以上只是数字化经济的一部分，实际上，数字化经济的影响已经渗透到各个行业和领域，改变了传统经济的运作模式和价值创造方式，不仅带来了经济增长和效率提升，还创造了新的商业模式和就业机会。

二、数字化经济的特点

（一）数据成为关键生产要素

在数字化经济中，数据已经成为一种新的生产要素，与传统的劳动力、资本、土地等要素相比，数据具有可复制、可共享、可再生等特点，可以被无限次使用，且不会产生损耗。同时，数据的价值在于其背后所蕴含的信息，这些信息可以为企业和政府提供决策支持，提高生产效率和管理水平。

数据成为生产要素是数字化经济的一个重要特点。在数字化经济中，数据被视为一种有价值的资源，具有与传统生产要素（如土地、劳动力、资本）同等重要的地位，可以被用于生产、创新和价值创造。

首先，数据可以用于分析和洞察市场需求、消费者行为、产品趋势等方面，帮助企业做出更明智的决策，进而可以优化生产流程，提高产品和服务质量，创造更多的价值。

其次，数据可以为企业提供创新的思路和方向。通过对数据的分析和挖掘，企业可以发现新的商业机会，开发新的产品和服务，推动技术创新和业务模式创新。

再次，数据可以帮助企业更好地了解市场需求和供应情况，从而实现资源的优化配置。企业可以根据数据分析结果，合理分配生产资源，提高生产效率，降低成本。

最后，拥有大量有价值的数据可以为企业带来竞争优势。通过对数据的分析和利用，企业可以更好地满足消费者需求，提供个性化的产品和服务，从而在市场竞争中脱颖而出。数据作为生产要素的重要性日益凸显，推动了数字化经济的快速发展。数据的有效利用可以促进经济增长，提高生产效率，创造更多的就业机会。

(二)数字技术创新驱动数字化经济

数字技术创新是数字化经济的重要驱动力。云计算、大数据、人工智能、区块链等新兴技术的出现，不但推动了传统产业的转型升级，而且催生出如电子商务、共享经济、数字金融等全新的业态和商业模式，不但提高了生产效率、降低了成本、推动了产品和服务升级，还提高了企业乃至整个国家的竞争力，同时还改善了民生福祉，提高了人民的生活质量，为数字化经济的发展提供了强有力的支撑，创造出新的经济增长点。

(三)融合发展

数字化经济不是孤立的，而是与实体经济深度融合的。数字化经济是实体经济的重要组成部分，数字化经济可以为实体经济提供新的发展机遇和动力；同时，实体经济也可以为数字化经济提供广阔的应用场景和市场空间。数字化经济具有高效、便捷、成本低的优势，而实体经济具有稳定、可靠、可持续的优势。数字化经济与实体经济的深度融合可以实现优势互补，提高经济的整体效益。电子商务、互联网金融、智能制造等领域的发展，都是数字化经济与实体经济融合发展的典型代表。

数字化经济与实体经济可以相互促进，数字化经济的发展需要实体经济的支撑，数字化经济与实体经济的深度融合可以促进技术创新、商业模式创新和管理创新，为经济发展带来新的动力。同时，数字化经济的发展也为实体经济提供了新的市场和商业模式，促进了实体经济的转型升级。

随着信息技术的不断发展，数字化经济已经成为经济发展的重要引擎。同时，实体经济也需要通过数字化转型来提高竞争力。因此，数字化经济与实体经济的深度融合是经济发展的必然趋势。

（四）平台经济崛起

平台经济是通过互联网平台实现资源优化配置和价值创造的一种经济模式，是以电子商务平台、共享经济平台、社交媒体平台、在线教育平台、金融科技平台等互联网平台为代表的平台经济，是数字化经济的重要组成部分。平台经济崛起是数字化经济的重要特点之一。

平台经济通过互联网和大数据技术，可以实现资源的快速匹配和优化配置，提高了资源的利用效率。

平台经济降低了企业的营销、渠道和物流等交易成本，同时也降低了消费者的搜索和比较成本，从而为消费者提供了更加便捷和高效的服务，提高了交易效率。平台经济可以促进商业模式的创新，如共享经济、社交电子商务等；还可以带动相关产业的发展，如物流、支付、客服等，不仅为经济增长提供了新的动力，还创造了大量的就业机会。

（五）跨地域、跨行业、跨领域协同发展

数字化经济不受地域、行业和领域的限制，可以实现跨地域、跨行业、跨领域协同发展。当前，以阿里巴巴集团为代表的大型电子商务平台，覆盖了服装、食品、家居用品、电子产品等多个行业和领域，触及全国各地的消费者；以腾讯课堂和网易云课堂为代表的在线教育平台，覆盖了语言学习、职业培训、K12教育等多个领域和行业，触及全国各地的学生和教师；以支付宝和微信支付为代表的数字支付平台，覆盖了餐饮、购物、旅游、医疗等多个行业和领域，触及全国各地的消费者和商家；以海尔卡奥斯和树根互联为代表的工业互联网，覆盖了制造业、能源、交通等多个行业和领域，也为全球各地的企业提供了数字化解决方案。数字技术与实体经济深度融合，不断地提高了经济社会的数字化、网络化、智能化水平，加速重构了经济发展与治理模式的新形态。

数字化经济也推进了全球化的发展。

第一，数字化经济通过互联网和数字技术，打破了传统经济的地域限制，使得企业和消费者可以在全球范围内进行交易与合作。这促进了全球化的发展，使不同国家和地区的企业和消费者可以更加便捷地进行交流与合作。

第二，数字化经济可以通过自动化、智能化和数字化技术，提高生产效率并降低成本。这使企业可以在全球范围内更加有效地组织生产和销售，进而促进了全球化的发展。

第三，数字化经济可以促进创新和知识共享，使不同国家和地区的企业与个人更加便捷地分享知识和经验，进而更加容易地获得新的技术和知识，提高自身的竞争力。

第四，数字化经济可以拓展市场、增加就业机会，使企业和个人可以更方便地在全球范围内寻找新的市场和商业机会，能够更加容易地参与全球经济。

第五，数字化经济可以推动国际合作与贸易，使不同国家和地区的企业与政府更容易地进行交流合作，以实现共同的经济和社会目标。

三、数字化经济对传统经济的影响

(一)数字化经济与传统经济的区别

数字化经济与传统经济在生产要素、生产方式、流通方式、消费方式、创新模式等方面有着很大的不同。

1. 生产要素不同

(1)关键生产要素不同

数字化经济与传统经济在生产要素方面存在显著的不同。传统经济的生产要素主要包括土地、劳动力和资本，而数字化经济的生产要素则主要是数据。

在数字化经济中，数据成为一种新的生产要素，数字化经济更加注重数据的使用。通过数字化技术，数据可以被广泛收集、分析和利用，从而创造价值。企业和组织可以利用大数据分析来了解市场趋势、消费者需求，以及优化生产流程，从而提高效率、降低成本并实现创新。数据的广泛应用改变了传统经济中以物质资本和劳动力为主要生产要素的模式。

相比之下，传统经济的生产要素主要包括土地、劳动力和资本。土地用于农业和工业生产，劳动力是生产过程中的人力资源，而资本则用于投资和扩大生产规模。

数字化经济的兴起得益于信息技术的快速发展，使数据的处理、传输和利用更加高效和便捷。关键生产要素的不同是经济发展的不同阶段和技术进步的必然结果。

（2）知识和技术的重要性不同

数字化经济高度依赖技术创新，只有新技术才能推动经济的发展和产业的升级，因此，数字化经济强调知识和技术的创新，先进的信息技术、人工智能、大数据分析等成为推动生产和经济增长的关键因素。与传统经济相比，数字化经济中的知识和技术的更新速度更快，对人才的技能和专业知识要求也更高，知识和人才成为重要的生产要素。

与之相对应的是无形资产，如品牌、专利、软件、算法等，其价值相对传统经济更加突出。这些无形资产可以为企业带来竞争优势和创新能力，成为企业核心竞争力的重要组成部分。

（3）互联网平台的作用不同

数字化经济促进了不同产业和领域的跨界融合，平台经济模式使生产要素的组织和配置更加灵活。企业能够通过互联网平台实现资源的共享和协同，打破传统的产业边界，创造新的商业模式和价值链，促进了生产要素的高效流通和创新创业的发展。

（4）能源和资源利用效率不同

数字化经济通过智能能源管理系统、物联网技术等，可以实现更精细化的能源和资源管理，提高利用效率，减少浪费。这与传统经济中的粗放型资源利用方式有所不同。

数字化经济和传统经济在生产要素方面的侧重点不同，但两者并非完全相互排斥。在现代经济中，土地、劳动力和资本仍然重要，但数据的作用越来越突出，成为推动经济增长和创新的重要驱动力。

2. 生产方式不同

（1）个性化定制与大规模生产的不同

传统经济往往采用大规模生产的方式，生产标准化的产品。数字化经济满足了消费者对于个性化和定制化产品的需求。数字化经济允许更加个性化的定制，通过柔性生产和3D打印等数字化技术，满足消费者多样化的需求，能够实现小批量、多品种的生产。

（2）敏捷生产与线性生产的不同

数字化经济中的生产更具敏捷性，能够快速响应市场变化和客户需求。企业可以通过数字化供应链、智能制造等技术实现灵活的生产调整。相比之下，传统经济的生产过程较为僵化，调整速度较慢。

（3）数据驱动决策与经验驱动决策的不同

在数字化经济中，数据分析和算法成为决策的重要依据。企业利用大数据和人工智能技术进行预测、优化和创新，可以更加科学地做出决策。传统经济更多的是依赖经验和直觉进行决策。

（4）跨地域协作与本地化生产的不同

数字化经济打破了地域限制，使企业能够实现跨地域协作和资源整合。通过互联网和数字化平台，不同地区的企业可以合作完成生产过程，实现资源的最优配置。传统经济则多采取本地化生产方式，经济类型相对集中。

（5）智能化操作与人工操作的不同

数字化经济中的生产方式越来越智能化，机器人、自动化设备和智能系统在生产中的应用不断增加，自动化生产线和智能制造技术的应用，使生产过程更加精确和高效。这与传统经济中主要依赖人工操作的生产方式形成了对比。

（6）服务化与产品化的不同

数字化经济促使企业从制造产品向提供服务转变。通过数字化平台和物联网技术，企业可以提供基于产品的增值服务，实现产品与服务的融合。在传统经济中，产品和服务大多是分开管理的。

（7）开放创新与内部研发的不同

数字化经济鼓励开放创新，企业可以通过与外部创新生态系统合作，加速创新进程。与传统经济中主要依赖企业内部研发的模式不同，数字化经济更加注重外部资源的整合与利用。

这些不同点反映了数字化经济对生产方式的重塑和升级。数字化技术的应用使生产更加灵活、智能、高效，并能够更好地满足消费者的个性化需求和消费体验。

3. 流通方式不同

数字化经济与传统经济在流通方式上存在明显的不同。传统经济的流通方式主要是实物流通，而数字化经济的流通方式主要是数字流通。数字化经济借助电子商务、数字化支付、供应链数字化、大数据和人工智能等技术，实现了更高效、便捷和智能化的流通方式。

数字化经济的发展推动了电子商务和线上交易的普及。消费者可以通过电子商务平台进行在线购物，企业可以通过电子商务渠道实现产品和服务的销售。线上交易的便捷性和高效性改变了传统的实体店面销售模式，使流通更加便捷和全球化。

在数字化经济中，传统的支付方式也发生了变革。数字化支付和移动支付的兴起，如支付宝、微信支付等，使消费者可以通过手机等移动设备进行支付，无须使用现金或信用卡。这种支付方式的便捷性和安全性提高了流通效率，减少了现金交易的烦琐和风险。

数字化经济中的供应链管理也实现了数字化和智能化。通过物联网、区块链等技术，企业可以实现对供应链的实时监控和管理，提高了物流效率与可视性。智能物流和供应链金融等创新模式的出现，也为企业提供了更高效的流通解决方案。

数字化经济利用大数据和人工智能技术，对流通数据进行分析和预测。企业可以通过分析消费者的购买行为、市场趋势等数据，优化库存管理、进行订单预测和规划配送路线，从而提高流通效率和精准度。

数字化经济中的共享经济模式，如共享单车、共享办公等，改变了传统的流通方式。通过共享资源，减少了闲置资产的浪费，提高了资源利用效率。此外，零库存模式的兴起，如即时生产和按需定制，也减少了库存压力和流通成本。

4. 消费方式不同

传统经济的消费方式主要是线下消费，而数字化经济的消费方式主要是线上消费。数字化经济可以通过电子商务、在线教育、远程医疗等技术，实现消费的数字化和在线化，从而提高消费体验和方便性。

数字化经济的发展使线上消费成为主流消费方式之一。消费者可以通过电子商务平台、移动应用程序等数字化渠道，随时随地购买商品和服务。此外，消费者更容易获取和分析产品与服务的相关数据，通过在线评价、价格比较、消费者报告等方式，更加理性地做出消费决策，更好地权衡质量、价格和其他因素。随着移动设备的普及和支付技术的发展，移动支付和无现金支付也成为数字化经济中的重要消费方式。消费者可以使用手机等移动设备进行支付，无须使用现金或信用卡，提高了支付的便捷性和安全性。与传统经济中需要到实体店面购买商品相比，线上消费具有更大的便利性和效率。

大数据和人工智能技术使企业能够更好地了解消费者的需求和偏好。企业可以根据消费者的个人喜好、购买历史等数据，提供个性化的产品推荐和定制化的服务，满足消费者的独特需求。相比传统经济中的标准化产品和服务，个性化和定制化消费更加符合消费者的个体差异。

社交媒体和共享经济模式拓展了消费者的消费方式。消费者可以通过社交媒体分享购物经验、评价产品和服务，影响其他消费者的购买决策。共享经济模式，如共享单车、共享住房等，也让消费者能够更加灵活地获取资源，减少浪费，停止不必要的购买行为。

5. 创新模式不同

数字化经济的创新主要依赖信息技术的发展。在互联网、移动互联网、大数据、人工智能、区块链等数字技术的强大支持下，数字化经济创新通常采用快速迭代和敏捷创新的模式，在大数据分析的基础上，企业可以通过快速原型制作、用户测试、反馈收集等方式，不断改进和优化产品和服务。这种快速迭代的创新模式能够迅速响应市场需求和变化，从而提高创新的成功率。

与传统经济的封闭式创新不同，数字化经济鼓励开放创新和协同创新。企业可以通过开放平台、开源社区、众包等方式，与外部创新者、开发者等合作创新；还可以通过跨界合作、创新生态系统的构建等方式，整合各方资源和能力，实现跨领域的创新。用户也不再仅仅是产品和服务的消费者，而是成为创新的积极参与者。企业可以通过用户反馈、用户创新社区等方式，收集用户的需求和创意，与用户共同创造价值。用户参与和共创的模式能够提高产品和服务的贴近度和满意度。这种开放创新的模式能够充分利用外部资源和智慧，加速创新的进程。

相比之下，传统经济的创新模式往往较为缓慢和封闭。传统经济中的创新主要依赖企业内部的研发团队，创新周期较长，对市场需求的响应相对较慢。此外，传统经济中的创新往往受资源和技术的限制，难以实现快速迭代和敏捷创新。

(二)数字化经济对传统经济的影响

数字化经济对传统经济的影响是深远而广泛的，也可以说是全方位的。

从企业的角度来看，数字化经济的发展推动了智能制造、工业互联网和物联网等技术的应用，使传统的线性生产方式正逐步向智能化、自动化和柔性化的生产方式转变，可以提高生产效率，降低生产成本，实现智能化、定制化生产，并且让传统制造业实现了更精准的生产管理和质量控制。此外，数字化供应链管理可以实现供应链的可视化和优化，提高供应链的效率和灵活性，降低了传统经济供应链管理的盲目性和随意性。

从消费者的角度来看，数字化经济为消费者提供了更多的选择和便利，促进了消费升级。电子商务、移动支付、共享经济等新商业模式的出现，改变了传统的消费方式和商业模式。消费者可以通过电子商务平台方便地购买商品和服务，移动支付也使支付更加便捷和安全，共享经济模式则提高了资源的利用率。

从市场竞争的角度来看，数字化经济打破了传统经济的地域限制和行业壁垒，使企业面临更加激烈的市场竞争，甚至是全球市场竞争。数字化技术使新进入者更容易进入市场，传统企业面临着更大的竞争压力。同时，数字化经济也推动了行业的整合与重构，催生了新的市场领导者。所以，传统企业需要不断创新，提高数字化能力，才能在竞争中立于不败之地。

从创新创业的角度来看，数字化经济为创新创业提供了更多的机会和平台。数字化技术的发展降低了创新的成本和门槛，使创业者能够更容易地创建新的业务模式和产品；同时，数字化经济也加速了知识和信息的传播，促进了跨领域的创新合作。

从劳动者的角度来看，数字化经济对就业和劳动力市场也产生了影响。一方面，数字化经济创造了新的就业机会，特别是在信息技术、数据分析、电子商务等领域；另一方面，数字化技术也对一些传统行业和岗位造成了冲击，如自动化和机器人技术可能导致某些重复性劳动岗位的减少。

四、案例分析：移动支付的普及改变了人们的消费习惯

对于数字化经济，普通人接触最多的就是电子商务和移动支付，而电子商务之所以能够在二十几年里迅猛发展，移动支付的普及是其中最重要的原因之一。

我国的移动支付起步于 21 世纪初，在二十几年的时间里，中国的移动支付已经快速发展并成为全球领先的支付方式之一，已广泛应用于各个领域，成为人们日常生活中最重要的支付方式之一。

支付方式发展阶段的演变，如图 2-3 所示。

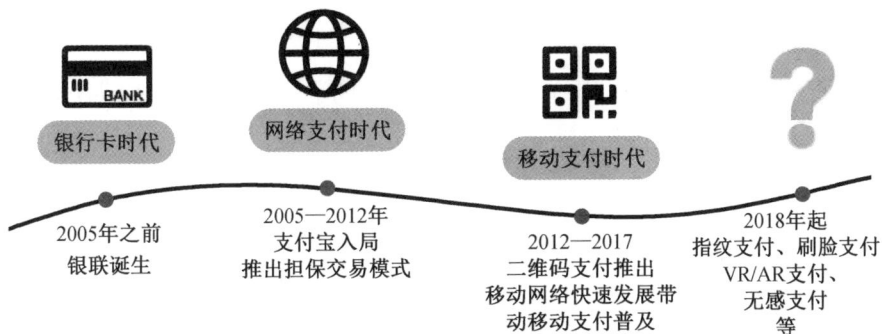

银行卡时代　　网络支付时代　　移动支付时代　　?

2005年之前
银联诞生

2005—2012年
支付宝入局
推出担保交易模式

2012—2017
二维码支付推出
移动网络快速发展带
动移动支付普及

2018年起
指纹支付、刷脸支付
VR/AR支付、
无感支付
等

图 2-3　支付方式发展阶段的演变

资料来源：资产信息网、千际投行、艾瑞咨询。

中国移动支付的发展，经历了起步、成长、快速发展、规范发展四个阶段。

新世纪的第一个十年(2000—2010 年)，中国移动支付处于起步阶段。这一时期移动支付主要以短信支付为主。2000 年前后，中国移动、中国联通等运营商推出了短信支付服务，用户可以通过发送短信来完成支付。

随着智能手机的普及和移动互联网的发展，移动支付逐渐进入成长阶段。

2011 年，支付宝推出了手机支付服务，随后微信支付也于 2013 年上线。这一阶段，移动支付的应用场景逐渐扩大，包括线上购物、转账、缴费等常见应用。

从 2015 年开始，中国移动支付市场进入快速发展阶段。随着一系列支持移动支付发展政策的出台，如鼓励金融机构与互联网企业合作、推动移动支付在公共服务领域的应用等，中国移动支付的发展速度又上新台阶。同时，支付宝和微信支付不断拓展海外市场，加速了全球移动支付的普及。2017 年，中国银联联合 40 余家商业银行正式推出云闪付。京东金融、美团、大众点评等非银机构也宣布加入其中，移动支付已成为国内消费的主要支付手段。

从 2018 年至今，随着移动支付市场的逐渐成熟，对移动支付行业的监管也随之加强，一系列相关法规和政策的出台，标志着移动支付进入了规范发展阶段。同时，各大支付机构也在不断提升支付安全和服务质量，为用户提供更便捷、安全的支付体验。

如今，我国的移动支付基本可以覆盖人们日常生活的所有消费场景。根据央行发布的统计数据，2022 年，国内的移动支付业务达 1 585.07 亿笔，同比增长 4.81%，金额达 499.62 万亿元；截至目前，中国移动支付的普及率已达到了 86%，无论是使用人数还是普及率均为世界第一。

当前普通人使用移动支付已成为司空见惯的事，收款二维码几乎无处不在，人们对此早已习以为常。也正因为如此，移动支付在潜移默化中深刻改变了人们的消费习惯。最明显的就是中国正在进入无现金社会。移动支付的快捷方便使现金和信用卡不再是必需。在今天的百姓生活中，已经很难看到现金，就连工资收入也早已采用了数字支付的方式。移动支付的便捷性、实时性和安全性，使人们更倾向于使用移动支付进行消费，现金交易已退至次要地位。

除了支付习惯发生改变之外，移动支付也让消费者的消费意愿提高。移动支付可以使消费者随时随地进行消费，只需一部智能手机，无论是购物、用餐还是打车，只需扫一扫二维码并输入密码，就可以完成支付操作，无须受限于时间和地点，省去了排队等待和找零的麻烦。

移动支付的快捷和便利提升了消费者的购物体验，而更加自由的消费也让消费者增强了消费的决策力和主动性，这使人们尤其是年轻人，更愿意在线上购物消费。据统计，2023 年，我国全年的快递业务量累计完成 1 320.7 亿件，同比增长 19.4%；快递员、外卖员、网约车司机从业者已达 8 300 万人。与之相对的，则是大量的线下实体店顾客寥寥、辉煌不再。线上的火爆与线下的冷清，是当前国人消费习惯改变最鲜明的写照。

移动支付的便捷性也使人们在消费时更加冲动和随意。过去使用现金支付时，消费者能够切实感受到金钱的付出，这种感觉会使人们在决定购买前更加理性地思考。而使用移动支付，让消费者对金钱的流逝缺乏敏感度，再加上互联网平台通过赠送积分、优惠券等方式，进一步刺激人们的消费欲望，增加消费者的购买意愿，使消费者更易冲动性消费和小额高频消费。所以，移动消费增加了人们过度消费的风险，使消费者更容易超支或购买不必要的商品。

移动支付的兴起在改变了支付方式的同时，也改变了人们的消费习惯和消费观念，并对社会和经济发展产生深远影响。这种影响是不可逆的，是在商业模式设计中需要考虑的最基础要素。

第三章　数字化经济的商业模式

数字化经济的商业模式是指利用数字技术和互联网来改变传统的商业模式，重新构建产品或服务的提供方式、价值创造和盈利模式，实现更高效、更便捷、更具个性化的商业运营方式。它涵盖了产品或服务的数字化、营销渠道的数字化、客户关系的数字化等各个方面。

数字化经济的商业模式，其核心强调通过数字化手段来优化业务流程、提高效率、提升客户体验，提高企业的竞争力和盈利能力，并开拓新的商业机会。它不仅改变了企业与客户之间的交互方式，也改变了企业内部的运营模式和组织结构。

与传统的商业模式相比，数字化经济的商业模式更注重灵活性、创新性，以及快速响应市场变化的能力。它可以帮助企业在激烈的市场竞争中脱颖而出，并具备可持续发展性。

一、数字化经济商业模式的特点

数字化经济商业模式通常具有以下几个特点，这些特点使其能够更好地满足用户需求，提高企业竞争力。

(一) 数据驱动

数据驱动是指企业利用数据分析和挖掘技术来更好地了解客户的需求和行为，并在此基础上优化产品、服务和业务流程，做出更明智的决策。数据驱动是数字化经济商业模式的核心特点之一。在数字化经济中，企业需要利用大量的数据来指导决策、创造价值，并在竞争激烈的市场竞争中取得优势。

(二) 互联网化

互联网打破了地域限制，使企业能够触达更广泛的客户群体。通过互联网，企业可以展示产品、提供服务，实现资源的高效整合与共享，可以与客户进行实时的沟通和互动，及时了解客户需求，提供更加便捷、更加个性化的服务。数字化经济的商业模式能够最大限度地通过互联网和移动互联网等渠道，实现产品和服务的在线销售和交付。

（三）创新性

创新性是数字化经济商业模式的灵魂所在，也是对数字化经济商业模式设计的基本要求。数字化经济商业模式的创新性体现在多个方面。

在价值创造方面，数字化经济商业模式在传统的商业模式的基础上，创造了全新的价值主张和收入来源。例如，共享经济模式通过共享闲置资源，为消费者提供了更便捷和经济实惠的服务；订阅制模式通过定期付费的方式，为企业提供了稳定的现金流；免费增值模式可以同时提供免费和增值收费版本，达到快速吸引客户并获得收益的目的。

在运营手段方面，数字化经济商业模式充分利用最新的信息技术，如大数据、人工智能、物联网等。对内，通过数据分析实现精准决策、提高商业运营效率、降低成本；对外，实现精准营销、智能推荐等。

在用户体验方面，数字化经济商业模式注重提升用户体验，满足用户便捷性、经济性、舒适性、个性化等需求。

（四）快速迭代

快速迭代是数字化经济商业模式成功的关键因素之一。在快速发展的数字化经济中，谁能更快地推出创新的产品或服务，谁就能率先占领市场份额。快速迭代有助于企业在竞争中脱颖而出，赢得更多的客户。

数字化经济商业模式所处的市场环境变化非常快，新的技术、竞争对手不断涌现，消费者的需求和期望也在不断变化。为了保持竞争力，企业需要快速迭代以适应这些变化。通过快速迭代，企业可以及时提供满足消费者需求的产品或服务。通过不断改进和更新产品或服务，企业可以提高消费者的满意度，增强品牌忠诚度，从而保持领先地位。

此外，在数字化经济中，创新的风险较高。快速迭代允许企业进行小规模的试验和改进，降低了新产品或服务失败的风险。企业可以通过小规模的试验和测试来验证新的想法和概念。如果某个想法行不通，企业可以及时调整，避免在大规模投资后遭受损失。

通过快速适应市场变化、满足消费者需求、降低风险、提高效率和推动创新，企业可以在竞争激烈的数字化经济中取得成功。

(五)跨界融合

商业模式的创新往往需要借鉴其他行业的优势和资源。数字化经济打破了传统行业的边界，使不同行业之间的融合变得更加容易，企业可以通过跨界合作实现资源共享、优势互补。同时，数字化经济打破了传统价值链的线性结构，实现了价值链的重构和融合。企业可以通过整合上下游产业资源，提供更加综合、个性化的产品和服务。这些创新的商业模式往往结合了不同行业的优势，为消费者提供了全新的体验和价值。例如，商业与互联网的融合创新出电子商务；医疗、保险、金融的融合创新出医疗金融服务；科技与制造业的融合创新出智能家电、智能家居等；科技与餐饮、交通等服务业相融合，催生了外卖、网约车、共享单车等全新的服务业模式。

(六)价值共创

数字化经济商业模式的价值共创包括与供应商、合作伙伴建立更紧密的关系，同时也为消费者提供了更多参与价值创造的机会。在数字化经济中，消费者不再是单纯的产品或服务的接受者，他们希望通过参与产品设计、反馈意见等方式，与企业共同创造价值。通过互联网和移动设备，消费者可以更方便地与企业进行互动，提供反馈、建议和创意。消费者的参与不仅能够帮助企业更好地了解市场需求，共同创造出更符合消费者期望的产品和服务，还能够利用社交媒体使消费者相互分享、推荐产品或服务，从而共同创造价值。

二、数字化经济商业模式的分类

(一)按盈利模式划分

1. 平台模式

平台模式是以搭建平台，连接供需双方，提供交易、信息、社交等服务，并通过收取佣金、广告等方式实现赢利，我们经常接触到的电子商务平台、社交平台、自媒体平台等都属于这一类。

2. 在线广告模式

在线广告模式是指网站或应用程序通过展示广告来赚取收入，广告商根据广告展示次数或点击次数向平台支付费用。这种模式常见于搜索引擎、社交媒体和内容发布平台等，网易、搜狐等网站都属于这类模式。

3. 订阅模式

订阅模式是指用户通过定期支付费用(按月、季度、年付费)来获取产品或服务，如音乐与视频平台的会员制度等。

4. 共享经济模式

共享经济模式是指利用闲置资源的共享，实现资源的高效利用和价值创造，如共享单车、共享办公等。

5. 数字内容模式

数字内容模式是指生产、传播和销售数字内容，如音乐、视频、电子书等，通过付费会员、广告等方式赢利。

6. 金融科技模式

金融科技模式是指金融科技公司利用科技手段提供金融服务，如移动支付、在线借贷、众筹等。这些公司通过收取手续费、利息或投资回报等方式赢利。

7. 智能制造模式

智能制造模式是指利用物联网、人工智能等技术实现生产过程的智能化和自动化。这些企业通过提高生产效率、降低成本和提供高质量产品来获得竞争优势。富士康工业互联网、海尔智能制造等都属于这一模式。

8. 大数据服务模式

大数据服务模式是指大数据分析公司收集、分析和处理大量数据，为企业和组织提供商业洞察与决策支持。这些公司通过收取咨询费、数据分析服务等方式赢利。这一模式的成功案例有提供实时数据监控和分析工具的Splunk公司，提供商业智能和数据分析工具的Qlik公司等。

9. 免费增值模式

免费增值模式是指企业提供基础版产品或服务免费，而高级功能或增值服务则需要付费的模式。这种模式旨在吸引用户使用免费版本，然后通过升级到付费版本来获得收入。我们日常接触到的云下载、在线办公、在线设计等服务都使用了免费增值模式。

10. 开源模式

开源模式是指企业将软件或技术开源，允许用户自由使用、修改和分发。开源模式可以通过社区支持、捐赠、付费增值服务等方式获得收入。很多我们熟悉的操作系统、浏览器、软件等都采用了开源模式，这些企业通过采用开源模式，吸引了大量的开发者和用户，促进了技术的创新和发展，并在市场上取得了成功。

11. 线上线下融合模式

线上线下融合模式是指将线上和线下的业务融合，提供更加便捷和高效的服务体验，如在线购物与线下配送结合，OTO（Online To Offline，线上到线下）上门服务等。

12. 生态圈模式

生态圈模式是指企业通过整合不同的资源、产品、服务和合作伙伴，构建一个完整的生态圈，为用户提供全方位的解决方案，以及更全面和优质的服务体验。

这一模式比较复杂，可以用一些成功的案例进行说明。

苹果公司通过其硬件产品（如 iPhone、iPad、Mac 笔记本电脑和台式机）、软件（如 iOS 操作系统、App Store）和服务（如 iCloud、Apple Music）构建了一个强大的生态圈。用户在购买苹果设备后，可以享受一系列整合的服务和应用，得到了很高的用户忠诚度。

亚马逊公司通过其电子商务平台、Prime 会员服务、亚马逊云科技和数字内容（如 Kindle 电子书）构建了一个庞大的生态圈。用户可以在亚马逊电子商务平台购买各种商品，并可享受快速配送、视频和音乐流媒体等增值服务。

阿里巴巴集团通过其电子商务平台（如淘宝、天猫）、支付系统（如支付宝）、云计算服务（如阿里云）和数字娱乐（如优酷）等业务构建了一个综合性的生态圈。用户可以在阿里巴巴的平台上进行购物、支付、金融服务等多种活动。

腾讯集团通过其社交媒体平台（如微信、QQ）、在线游戏、金融科技（如微信支付)和数字内容(如腾讯视频)等业务构建了一个庞大的生态圈。用户可以在腾讯集团的平台上进行社交、娱乐、支付等多种活动。

(二)按业务类型和服务方式划分

1. 基于产品或服务的数字化经济商业模式

基于产品或服务的数字化经济商业模式是指企业通过数字化技术提供产品或服务,并通过在线渠道进行销售和交付,以实现商业价值的模式。基于产品或服务的数字化经济商业模式的优势包括便捷的在线交易、广泛的市场覆盖、个性化的用户体验及高效的供应链管理。该模式利用数字化技术的优势,为企业提供了新的商业机会和增长空间。基于产品或服务的数字化经济商业模式,常见的有以下几种。

(1)SaaS(Software as a Service,软件运营服务)模式:企业通过互联网提供基于云的应用程序,用户可以按需订阅并通过云端访问这些应用程序,而无须购买和安装软件。

(2)数字内容销售模式:企业通过在线平台销售数字内容,如音乐、电影、电子书、游戏等。用户可以购买并下载这些内容,以满足其娱乐和学习需求。

(3)在线零售模式:企业通过电子商务平台销售实物产品,如服装、家居用品、电子设备等。用户可以在线浏览、购买和支付,然后通过快递等方式接收产品。

(4)在线服务模式:企业通过互联网提供各种服务,如在线教育、医疗、咨询、设计、营销等。用户可以在线预订和购买这些服务,然后通过远程方式获得服务。

(5)平台模式:企业通过搭建在线平台,连接供应方和需求方,促进双方的交易与合作。平台可以通过收取佣金或提供增值服务的方式获得收益。

2. 基于平台的数字化经济商业模式

基于平台的数字化经济商业模式,利用互联网和数字技术连接不同的用户群体,促进交易和互动,实现价值的创造和传递。基于平台的数字化经济商业模式常见的有以下几种。

(1)交易平台:企业创建一个在线平台,连接买家和卖家,促进交易并从中收取手续费或广告费。例如，电子商务平台的亚马逊、淘宝、京东，二手交易平台的闲鱼等，都属于交易平台模式。

（2）共享经济平台：企业通过在线平台连接供应方和需求方，实现资源的共享和交易，如 Airbnb（共享住宿）、Uber（共享出行）、Task Rabbit（共享劳务）等。

（3）社交媒体平台：企业提供在线社交平台，用户可以创建个人资料、发布内容、互动和分享信息，平台通过广告和数据分析等方式实现商业变现，如今日头条、Facebook、微博等。

（4）在线教育平台：企业创建在线教育平台，提供课程、培训和学习资源，连接教师和学生，平台通过收取学费或订阅费用等方式实现赢利，如 Coursera、Udemy、腾讯课堂、网易云课堂等。

（5）在线服务平台：提供有关衣食住行、招聘、本地服务、旅游等各种服务信息的平台，如美团、BOSS 直聘、58 同城、携程旅游等。

（6）金融科技平台：企业利用数字技术提供金融服务，如支付、借贷、投资等，通过收取手续费或利息等方式实现赢利，如支付宝、PayPal、陆金所等。

（7）云计算平台：企业提供云计算基础设施和相关服务，如服务器租赁、数据存储、数据库等，通过订阅费用或按使用量收费等方式实现赢利，如阿里云、亚马逊云科技、Microsoft Azure 等。

3. 基于数据的数字化经济商业模式

基于数据的数字化经济商业模式，利用数据分析和算法为企业和用户提供更有价值的产品和服务。基于数据的数字化经济商业模式，常见的有以下几种。

（1）数据分析和咨询：企业收集、分析和解读数据，为其他企业提供数据驱动的决策支持和咨询服务，如 Gartner、麦肯锡、埃森哲等咨询公司。

（2）数据驱动的市场营销：企业利用数据分析和定向广告技术，向特定目标受众投放个性化的广告和营销信息，提高营销效果和投资回报率，如 Google Ads、Facebook Ads 等。

（3）大数据征信：企业通过收集和分析消费者的信用数据和行为数据，为金融机构、贷款机构和其他企业提供信用评估和风险管理服务，如芝麻信用、

FICO 等。

（4）数据驱动的个性化推荐：企业利用数据分析和机器学习算法，根据用户的历史行为和偏好，为用户提供个性化的产品推荐和服务，提升用户体验和销售额，如 Netflix、亚马逊、淘宝等。

（5）物联网数据分析：企业收集和分析物联网设备产生的数据，如传感器、智能家居设备等，为用户提供数据驱动的决策支持和优化服务，如 General Electric、Cisco Systems 等。

（6）位置数据分析：企业利用位置数据分析技术，为用户提供基于位置的营销和服务，如 Foursquare、高德地图、滴滴出行等。

（7）行业数据平台：汇聚和整合特定行业的数据，为行业内的企业提供数据服务和解决方案，如中国钢铁工业协会、万得资讯。

三、案例分析：Airbnb 通过平台模式改变旅游住宿行业

Airbnb（爱彼迎）是一个在线旅游房屋租赁平台，成立于 2008 年，总部位于美国旧金山。它的创始人在一次设计会议上意识到了共享房屋的需求，并决定将自己的公寓出租给参会者，从而萌生了创办 Airbnb 的想法。

2008 年，Airbnb 正式成立，并在网站上发布了首批房源。随着网站的发展，Airbnb 逐渐在全球范围内扩大业务和服务范围，增加了更多的房源和目的地。

在发展过程中，Airbnb 不断推出新的产品和服务，如"Experiences（体验）"和"Places（地方）"，为用户提供更多的旅游目的地的选择，以及分享更加丰富和个性化的旅游体验。

"Experiences"服务允许用户预订由当地达人或专业人士提供的独特活动和体验，如烹饪课程、艺术工作坊、城市探索等；"Places"服务为用户提供了包括当地的景点、餐厅、购物中心等旅游目的地信息，以及相关的用户评价和推荐，用户可以通过"Places"服务发现新的目的地和旅游灵感，并计划自己的旅行。

这两项服务的推出，使 Airbnb 从一个提供旅游住宿的平台，升级为一个提供全方位旅游体验的平台。用户可以通过"Experiences"和"Places"服务，更加深入地了解当地文化和生活方式，获得更加丰富和个性化的旅游体验。平台的社交网络功能，允许用户分享他们的旅游住宿体验和评价，进一步提高

了平台的可信度。

如今，Airbnb 已经成为全球最大的旅游房屋租赁平台之一，该公司已经在超过 220 个国家和地区提供房源，进入欧洲、亚洲和南美洲等地区，拥有数百万的房源和数亿的用户，并计划进一步扩大在新兴市场的业务。尽管受到了疫情的影响，但 Airbnb 在 2022 年的业务仍然实现了强劲增长。该公司报告称，2022 年第四季度的总预订价值达到了创纪录的 135 亿美元，同比增长 20%。

Airbnb 的成功得益于其创新的商业模式、优秀的用户体验和全球扩张战略。

Airbnb 的商业模式主要是基于在线平台，将房东和租客联系起来，提供短期租赁住宿服务。房东们可以在 Airbnb 平台上，将自己的空闲房间、公寓或整个房屋出租给游客。租客可以通过 Airbnb 平台查找并预订这些房源。交易成功后，Airbnb 从每笔预订交易中收取一定比例的佣金作为服务费用。通常，房东需支付 3%~5% 的佣金给 Airbnb，而租客则无须支付额外费用。

除了基本的住宿预订服务，Airbnb 还提供一些增值服务，如保险、清洁服务和房东工具包等，以帮助房东更好地管理和运营他们的房源。

Airbnb 利用在线平台连接房东和游客，改变了旅游住宿行业的传统模式。相较于传统模式，Airbnb 的数字化商业模式有以下优势。一方面，Airbnb 鼓励房东将自己的空闲住房共享出来，提高了住房的利用率，减少了资源浪费；另一方面，Airbnb 为游客提供了更多的住宿选择，旅游住宿不再局限于传统的酒店，游客有了公寓、别墅、民宿等更多的房源选择。房东可以通过共享自己的住房来降低成本，游客也可以直接与房东联系避免了中间环节的费用，所以相比于传统酒店，Airbnb 房源的价格通常更低。较低的价格满足了不同层次游客的需求和预算，这种共享经济模式为房东和游客都带来了经济效益。

此外，Airbnb 的房源通常具有独特的设计和风格，与酒店相比更具多样性，可以为游客提供更加个性化和本地化的住宿体验，游客也可以更好地了解当地的文化和生活方式。

Airbnb 的快速发展对传统酒店行业构成了挑战。许多游客开始转向 Airbnb 等共享住宿平台，这导致传统酒店的预订量下降，从而也促使酒店行业开始思考如何创新和提升自己的服务，以应对竞争。这种创新的数字化经济商业模式对整个旅游住宿行业产生了深远的影响。

第四章　数字化经济的价值链分析

一、价值链的概念

"价值链"这一概念最早是由迈克尔·波特在1985年提出的。他认为一个企业或组织在生产、销售和交付产品或服务过程中，涉及一系列活动和环节，这些活动和环节是相互关联、相互依存的，它们共同创造了产品或服务的价值，共同构成了企业的价值链。

价值链可以分为两类：基本活动和辅助活动。基本活动包括进料物流、生产作业、发货物流、市场销售和售后服务等环节，这些环节直接涉及产品或服务的生产和交付。辅助活动则包括人力资源管理、财务管理、研发设计、采购管理等环节，这些环节为基本活动提供支持和保障。

企业价值链构成，如图4-1所示。

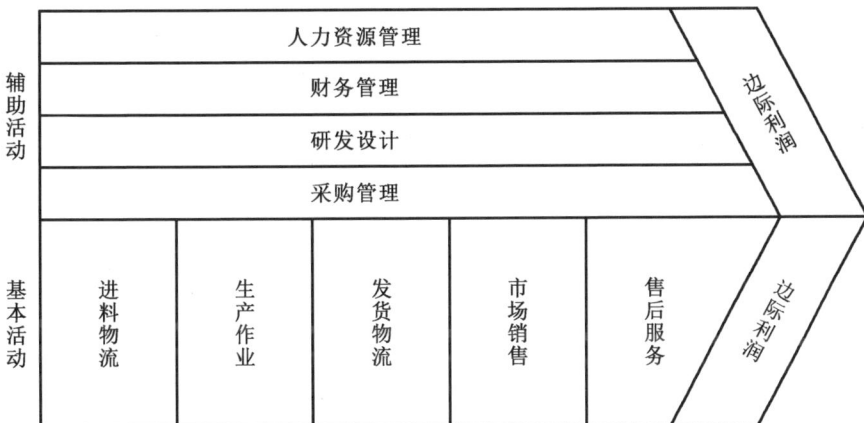

图 4-1　企业价值链构成

价值链的核心在于企业或组织的竞争优势不是取决于单个环节的表现，

而是取决于整个价值链的协同作用。通过优化价值链各个环节之间的关系，企业或组织可以提高效率、降低成本、提高产品或服务的质量，从而获得竞争优势。

例如，一家汽车制造企业的价值链可能包括新车型的设计，新技术的研发，钢铁、塑料、电子元件等原材料的采购，零部件组装、质量检测等生产制造过程，广告宣传、市场调研、销售渠道建设等销售与营销活动，物流、仓储和配送环节，以及提供保修、维修、零配件更换等售后服务环节。在这个价值链中，每个环节都为企业创造了一定的价值。企业可以通过优化研发设计，提高汽车的性能和质量；通过与供应商合作，降低采购成本；通过改进生产工艺，提高生产效率；通过有效的销售和营销策略，增加市场份额；通过优质的售后服务，提高客户满意度和忠诚度。这样，整个价值链的协同作用就能使企业获得更好的效益。

价值链分析是一种重要的战略分析工具，它可以帮助企业或组织了解自身在价值链中的位置和优势。通过分析价值链，企业可以了解每个环节对最终产品或服务的贡献，以及各个环节之间的关系；可以发现自己的核心竞争力和潜在的机会，明确自己在哪些环节具有优势、哪些环节需要改进或外包，从而制定相应的战略、采取适当的措施，优化资源配置，提高效率和效益，更好地创造和传递客户价值。

如果企业在研发设计方面具有优势，可以加大投入，提高产品的附加值；如果企业在生产制造方面存在劣势，可以考虑外包或合作生产，降低成本；如果企业在营销销售方面存在不足，可以加强市场调研和品牌建设，提高市场份额。

二、构成数字化经济价值链的主要环节

(一) 数据采集与管理

数据是数字化经济中的关键生产要素。在数字化经济价值链构成中，数据同样是价值链的核心。企业需要收集各种内部和外部数据，包括市场数据、销售数据、客户数据、供应链数据等。通过数据分析工具和技术，企业可以挖掘数据中的模式、趋势和关系，以获取有价值的洞察。

确定好需要哪些数据，以及这些数据的用途的，选择不同的数据来源，包括内部系统、社交媒体、传感器、调查统计等，从而获取多样化和大规模数据，并尽可能确保收集的各种数据全面、准确、完整。收集到数据之后，要确保数据能够安全、可靠地存储，并进行有效管理，以便数据可以被高效地访问和分析。

(二)数据整理与分析

采集到的数据可能存在缺失值、错误值、重复值等问题，因此需要进行整理和清洗，以确保数据的准确性和完整性。运用合适的方法对数据进行分析，挖掘数据中有价值的信息，并根据这些信息，准确且有深度地提炼出数据报告，为决策提供支持。

(三)决策制定

决策制定环节是利用数据分析和其他信息技术，来支持企业在各个层面做出明智的决策。这个环节的主要目标是根据数据提供的洞察，快速响应，优化企业的战略、运营和业务流程，以实现更好的经济效益并获得竞争优势。

(四)产品与服务创新

企业利用数字技术和数据分析，根据客户需求和市场趋势，推出创新的产品和服务，以满足市场需求并获得竞争优势。这个环节的主要目标是推动企业的创新能力，提高产品和服务的附加值，从而实现更好的经济效益。

(五)数字营销

数字营销是利用数字技术和渠道来推广和销售产品或服务的过程。这个环节的主要目标是通过制定有效的数字营销策略，提高品牌的知名度、吸引潜在客户、促进销售增长，并建立良好的客户关系。

(六)客户体验

通过数据了解客户需求，通过数字化手段为客户提供优质、个性化的体验，从而提升客户满意度、忠诚度和口碑效应。

（七）供应链管理

通过数字化技术和供应链策略的结合，对需求预测、采购管理、生产管理、物流配送、库存管理、售后服务等供应链的各个环节进行优化，以提高效率、降低成本、提高供应链的可视性和灵活性。

供应链各环节相互协作，形成了一个完整的数字化经济价值链。数字化经济价值链中的各个环节就像一个紧密相连的链条，缺一不可，相辅相成。数据采集是整个价值链的基础，没有数据，后续的分析和应用就无从谈起。数据分析和洞察是将采集到的数据转化为有价值的信息，为决策提供依据。产品和服务创新基于对数据的深入理解，开发出满足市场需求的创新产品。营销和销售环节将创新产品推向市场，实现价值的转化。客户体验是整个价值链的核心，良好的客户体验能够提升客户的忠诚度，促进口碑的传播。同时，各个环节之间也存在着信息流和资金流的交互。例如，数据分析的结果可能会影响产品的研发方向和营销策略，而产品的销售情况也会反馈到数据采集和分析环节，从而进一步优化产品和服务。

三、数字化经济价值链的主要特点和参与者

数字化经济价值链的一个显著特点是数据的核心地位。通过大数据分析和人工智能技术，企业能够收集、分析和利用大量的数据，以便更好地了解市场、客户和运营情况。数据驱动的决策模式使企业能够更精准地制定战略、优化产品和服务，提高效率和竞争力。

在依托数据更精准地了解客户需求的前提下，数字化经济价值链更强调以客户为中心，围绕客户进行价值链的塑造与优化。

与传统价值链不同的是，数字化经济价值链处于一个更加开放的互联网新科技环境中，不再局限于单一的业务领域，而是通过数字化技术实现产业链的延伸和整合、企业之间的合作和共享，甚至实现全球范围内的资源配置和市场拓展。

在数字化经济价值链中，有许多不同的参与者，他们各自承担着重要的职责，发挥着独特的作用，在数字化经济价值链中相互协作和互动，共同创造价值、提高效率，构建了一个复杂而动态的生态系统，推动了数字化经济

的发展和创新。

数字化经济价值链中的参与者主要有以下几类。

(1)生产者：生产者是数字化经济价值链中的核心主体，利用数字化技术和工具，开发和提供数字化产品与服务，创新业务模式，提高运营效率，并与其他参与者进行合作与竞争。

(2)互联网平台企业：构建和运营数字化平台，连接消费者、供应商和其他相关方，为生产者和消费者提供交流和交易的场所。平台企业通过促进交易和互动，创造价值并驱动创新。

(3)技术提供商：包括软件开发商、硬件制造商、数据分析、云服务提供商等。技术提供商为数字化经济价值链中的各个环节提供数字化基础设施、技术解决方案和工具，支持企业实现数字化转型。

(4)数据供应商：提供各种数据资源，如市场数据、行业数据、用户数据等。这些数据可以帮助企业进行分析决策、优化产品和提供个性化服务。

(5)消费者：作为数字化产品和服务的最终购买者和使用者，消费者是数字化经济价值链的终端用户，他们的需求和反馈对企业的产品创新和服务改进起着关键作用。

(6)政府和监管机构：制定政策法规，保障数据和隐私安全，维护市场竞争秩序，保护消费者权益，促进数字化经济的健康发展。

(7)研究机构：进行相关研究和创新，为数字化经济提供理论支持和技术创新。

(8)金融机构：为数字化经济价值链中的参与者提供资金支持，以及支付、融资、保险等金融服务，保障交易的资金安全和流动性，助力企业的数字化转型和创新项目的发展。

(9)物流和供应链企业：负责物资的流动和供应链的管理，通过数字化技术提高物流效率和供应链透明度。

(10)专业服务提供商：如咨询公司、法律事务所、营销机构等，为企业提供数字化战略咨询、法律支持和市场推广等专业服务。

四、数字化经济价值链的优化

数字化经济价值链的核心在于协同，即企业或组织的竞争优势并非取决于某个单一环节的表现，而是源自整个价值链的协作效果。通过优化各环节之间的关系，企业或组织能够提高效率、降低成本、提升产品或服务质量，从而获得竞争优势。数字化经济价值链中的每个环节都紧密相连，相辅相成。因此，对数字化经济价值链中的任一环节进行优化，都可以使企业的整体竞争力得到提升。

（一）数据采集和分析优化

数据是价值链的核心。企业和组织越来越依赖准确、及时的数据来做出明智的决策。数字技术的快速发展为数据采集与分析工作带来了巨大的机遇，通过合理利用这些技术，可以提高数据质量、采集效率和洞察力。

自动化数据采集是提高效率的关键。利用传感器、网络爬虫和应用程序编辑接口等数字技术，可以实现数据的自动采集，减少人工操作和失误。例如，在工业生产中，安装传感器可以实时监测设备状态和生产数据，为质量控制和流程优化提供依据。此外，通过网络爬虫可以获取大量的公开数据，为分析市场和研究竞争对手提供支持。

大数据技术的应用可以处理和分析海量数据。借助分布式存储和处理框架，如 Hadoop 和 Spark，可以快速处理和分析大规模数据集。同时，数据仓库和数据湖的构建可以整合和管理多个数据源，提供一致的数据视图和高效的查询性能。

数据质量的提升是数据分析的基础。利用数据清洗、验证和标准化工具，可以确保数据的准确性和一致性。

数据治理框架的建立可以规范数据管理流程，明确数据质量标准和责任，提高数据的可靠性和可信度。

数据可视化工具可以帮助我们更好地理解和解读数据。通过图表、图形和仪表盘等形式，将复杂的数据呈现为直观的信息，便于发现趋势、异常和关系。同时，交互式的数据可视化能够支持动态分析和探索，帮助决策者快速获取关键信息。

机器学习和人工智能技术可以挖掘数据中的潜在模式和智能决策。通过构建预测模型和智能算法，可以进行数据预测、分类和推荐等。例如，利用客户行为数据进行个性化推荐，提高营销效果和客户满意度。

数据安全和隐私保护至关重要。在数据采集和分析过程中，采用加密技术、身份验证和授权机制，确保数据的安全性和合规性。同时，合理的数据备份和恢复策略可以防止数据丢失和损坏。

(二) 决策制定优化

数字技术为决策制定带来了巨大的变革。通过合理利用数字技术，我们可以更准确、快速地做出决策，提高决策的质量和效果。

数据分析和挖掘技术可以提供决策所需的信息和洞察。通过收集、整理和分析大量的数据，我们可以发现隐藏的模式、趋势和关联，为决策提供有力的支持。数据驱动的决策能够避免仅凭直觉或经验做出的主观判断，提高决策的科学性和准确性。

人工智能和机器学习算法可以辅助决策的制定。这些技术可以对历史数据进行学习，提供预测分析和决策建议。例如，通过建立预测模型，可以预测市场需求、客户行为等，从而帮助企业制订更合理的生产计划和营销策略等。

智能决策支持系统的应用也是优化决策制定的重要途径。该系统可以整合多个数据源，提供可视化的决策界面和工具，帮助决策者更直观地分析和评估不同方案的优劣。智能决策支持系统还可以进行模拟和情景分析，预测决策可能产生的结果，为决策者提供全面的信息参考。

此外，建立数字化的决策文化也至关重要。企业和组织应培养决策者的数据意识和数据驱动思维方式，鼓励团队成员在决策过程中充分利用数字技术，从而形成以数据为基础、以技术为支撑的决策文化。

(三) 产品与服务创新优化

数字技术为企业优化产品与服务创新工作提供了广阔的空间。通过合理利用数字技术，企业可以优化产品与服务创新工作，提升客户的满意度，增强企业的市场竞争力。

大数据分析和人工智能技术可以深入了解客户需求和行为模式。通过收集和分析大量的客户数据，企业能够发现客户的痛点和潜在需求，为产品与服务创新提供有价值的线索。基于这些洞察，企业可以开发更符合市场需求的创新产品和个性化服务。

物联网技术的应用可以实现产品的智能化和互联化。将传感器、智能设备和互联网连接起来，企业可以打造具有智能化功能的产品，实现远程监控、数据采集和智能控制。例如，智能家居、智能交通等领域的创新产品和服务就是利用物联网技术实现的。

此外，移动应用和社交媒体平台为企业提供了与客户直接交流、互动的渠道。通过开发移动应用程序，企业可以提供更便捷的产品体验和个性化服务。同时，社交媒体平台可以用于收集客户反馈、进行市场调研和产品推广，增加与客户的互动和交流。

数字技术还可以加速产品研发和迭代的过程。利用敏捷开发方法、虚拟仿真技术和3D打印等工具，企业可以缩短产品开发周期，降低试错成本，快速推出创新产品，并根据市场反馈及时进行调整和改进。

此外，云计算和平台化技术为企业提供了强大的技术基础设施和创新生态系统。云计算提供了可扩展性和灵活性，使企业能够更快地推出新的产品和服务。平台化技术可以促进企业与外部开发者、合作伙伴的合作，共同推动产品与服务的创新。

(四)数字营销优化

在当今数字化的商业环境中，数字营销已经成为企业推广产品和服务的重要手段。为了在激烈的市场竞争中脱颖而出，企业需要不断优化数字营销工作。

数据分析是优化数字营销的关键。通过收集和分析大量的用户数据，企业可以深入了解目标受众的需求、行为和偏好。利用数据分析工具，企业可以评估营销活动的效果，发现关键指标和趋势，从而制定更有针对性的营销策略。

社交媒体和内容营销是数字营销的重要组成部分。利用社交媒体平台，企业可以与用户进行互动，传播品牌信息，提升品牌知名度和用户参与度。同时，通过创造有价值的内容，如文章、视频和图片等，企业可以吸引潜在客户，并建立与用户的信任关系。

网站优化和互联网广告营销是提高网站流量和转化率的关键技术。通过优化网站结构、关键词设置和视频内容，企业可以提高在搜索引擎中的排名，吸引更多有针对性的流量。同时，优化互联网广告投放可以进一步增加网站曝光度和转化率。

人工智能和机器学习技术在数字营销中也发挥着重要作用。例如，利用智能聊天机器人可以提供 24 小时在线客户服务，从而提高用户的满意度。机器学习算法可以用于个性化推荐和内容推送，根据用户的行为和偏好提供精准的个性化体验。

移动应用营销也不容忽视。随着移动设备的普及，企业需要确保其网站和应用程序具有良好的移动属性和兼容性。通过移动广告、短信营销和移动应用推广等手段，企业可以更好地触达移动用户。

数据驱动的营销决策也是优化数字营销的关键。建立数据监测和分析体系，定期评估营销活动的效果，根据数据结果进行调整和优化，以提高营销效果和投资回报率。

不断学习和适应数字营销的变化至关重要。随着技术的不断发展和用户行为的变化，企业需要保持一直学习的态度，紧跟数字营销的最新趋势和最佳实践。

（五）客户体验优化

在数字化的时代，客户对于企业提供的产品和服务有着更高的期望。利用数字技术来优化客户体验已成为企业赢得竞争的关键。企业应不断创新，结合数字技术提供便捷、个性化和沉浸式的体验，以满足客户不断变化的需求。

移动应用程序为客户提供了便捷的服务渠道。企业可以开发功能丰富、用户友好的移动应用程序，让客户能够随时随地获取产品信息、进行交易和享受个性化服务。通过推送通知、个性化推荐等功能，企业可以与客户保持紧密的互动，提供实时的优惠和个性化的建议。

大数据分析和人工智能技术可以深入了解客户需求和行为。通过分析客户的数据，企业可以洞察客户的喜好、购买习惯和潜在需求，从而提供更加精准的产品推荐和个性化服务。智能客服系统能够快速响应客户的咨询，提供准确的解答和解决方案，提升客户满意度。

社交媒体平台成为企业与客户互动的重要渠道。企业可以通过社交媒体与客户建立直接的沟通渠道，及时回复客户的留言和评论，解决问题，收集反馈。社交媒体还可以用于举办线上活动、发布优惠信息，提升客户参与度和忠诚度。

网站和电子商务平台的优化也是关键。确保网站具有良好的用户界面设计、快速的加载速度和简单的导航，能够提供便捷的在线购物体验。同时，利用数据分析优化产品页面，提供详细的产品信息和清晰的购买流程，从而提升转化率。

数字技术还可以用于打造沉浸式的客户体验。例如，虚拟现实(Virtual Reality，VR)和增强现实(Augmented Reality，AR)技术可以为客户带来全新的体验，如虚拟试衣、产品展示等。互动式的数字体验能够吸引客户的注意力，提升参与度和购买意愿。

客户关系管理(Customer Relationship Management，CRM)系统的应用可以帮助企业更好地管理客户信息，实现个性化的沟通和服务。通过跟踪客户的购买历史和交互记录，企业可以提供个性化的优惠活动、售后服务和人文关怀，提升客户的忠诚度。

(六)供应链管理优化

在数字化时代，数字供应链技术正迅速改变着供应链管理的格局。企业越来越意识到，利用数字供应链技术，可以实现供应链管理的优化，提高效率，降低成本，增强竞争力。

当前的数字供应链技术可以实现供应链的可视化和实时监控。通过物联网、大数据和云计算等技术，企业可以实时追踪货物的位置、状态和运输情况。这使企业能够及时发现问题，并采取相应的解决措施，避免潜在的延误和损失。此外，实时监控还可以帮助企业优化库存管理，减少库存积压和缺货现象的发生。

数字供应链技术可以加强供应链各环节的协同合作。供应链涉及众多环节，包括供应商、生产商、分销商和客户等。通过数字化平台，这些环节可以实现信息的实时共享和协同工作。例如，采用供应链管理软件让供应商及时了解企业的需求和库存情况，从而更好地安排生产和供货。同时，企业也可以根据市场需求的变化，快速调整生产计划和销售策略。

此外，人工智能和机器学习技术在供应链管理优化中也发挥着重要作用。通过数据分析和预测模型，企业可以准确预测市场需求、销售趋势和库存需求。这有助于企业做出更明智的决策，如精准的采购计划、生产调度和库存管理。智能算法还可以优化物流路线和运输方式，降低运输成本和时间。

区块链技术为供应链管理提供了更高的安全性和透明度。区块链的分布式账本技术可以确保供应链数据的不可篡改和可追溯性，从而提高了供应链的安全性。在食品、药品等行业，区块链技术可以追溯产品的源头和流向，保障产品质量和消费者安全。

数字供应链技术还可以提升客户体验。通过移动应用、电子商务平台等，客户可以更方便地下单、查询订单状态和获取产品信息。企业可以根据客户的反馈和需求，及时调整产品和服务，提高客户满意度和忠诚度。

五、案例分析：亚马逊公司通过价值链创新提升客户体验

亚马逊公司是一家总部位于美国华盛顿州西雅图市的跨国电子商务公司，成立于 1994 年，是全球最大的在线零售商之一。

亚马逊公司的主要业务包括在线零售、Prime 会员服务、亚马逊云科技、数字媒体和娱乐等。其中，在线零售是亚马逊公司的核心业务，零售的商品涵盖了图书、音像产品、电子产品、家居用品、服装、食品等多个品类，其业务覆盖了美国、加拿大、英国、法国、德国、意大利、西班牙、日本、中国等国家和地区。2022 年，亚马逊公司的全球销售额达到了 5 140 亿美元。

Prime 会员服务是亚马逊公司的一项增值服务，为会员提供了快速送货、视频和音乐流媒体、电子书借阅等多项特权；亚马逊云科技是亚马逊公司的云计算业务，为企业和开发者提供了云计算、存储、数据库、人工智能等一系列服务。

此外，亚马逊公司还在积极拓展其他领域，如医疗保健、金融服务、智能家居等。亚马逊公司一直致力于技术创新和用户体验的提升，不断推出新的产品和服务，以满足用户的需求。

在技术创新方面，亚马逊公司一直处于领先地位。亚马逊公司推出了许多新的技术和服务，如人工智能、机器学习、虚拟现实、增强现实等，这些

技术和服务不仅提升了亚马逊的运营效率和客户体验，也推动了整个电子商务行业的发展。

作为全球领先的电子商务平台，亚马逊公司一直致力于通过价值链创新来提升客户体验。从采购、仓储、物流、销售到售后服务，亚马逊公司在每个环节都进行了创新，以满足客户的需求。

在采购环节，亚马逊公司通过自动化采购系统和供应商管理系统，建立了直接采购的模式，减少了中间环节，从而确保所采购的商品符合质量标准和成本要求。另外，亚马逊还通过大数据分析和人工智能技术，预测客户的需求，实现了精准采购，提高了库存周转率，减少了客户等待时间。亚马逊还通过全球采购和与其他企业联合采购的方式，来扩大商品种类，获得更优惠的价格，同时也能够更好地满足不同地区的客户需求。

在仓储环节，亚马逊公司通过建立高效的仓储系统，实现了自动化存储和检索。亚马逊公司的仓库采用机器人技术和自动化设备，提高了存储效率和准确性。此外，亚马逊公司还通过优化仓库布局和流程，缩短了订单的处理时间。

在物流环节，亚马逊公司通过建立自有物流系统，提高了物流效率和准确性。其物流系统采用了全球定位系统（GPS）和物联网技术，实现了货物的实时跟踪和管理。此外，亚马逊还通过建立仓储中心和配送中心，缩短了货物的运输时间。

在销售环节，亚马逊公司通过建立个性化的推荐系统，提高了客户的购买体验。亚马逊公司的推荐系统可以根据客户的购买历史和浏览记录，为客户推荐相关的商品，提高了客户的购买满意度。此外，亚马逊公司还通过建立全球销售网络，扩大了销售范围，提高了客户的购买便利性。

在售后服务环节，亚马逊公司通过建立高效的售后服务系统，提高了客户的满意度。亚马逊公司的售后服务系统提供了快速的退换货服务和在线客服支持，方便客户解决问题，并通过建立评价系统和反馈机制，收集客户的意见和建议，不断改进产品和服务。

亚马逊公司通过数字化价值链创新，在每个环节都进行了优化和改进，从而提升了客户体验，这些成功经验为其他企业提供了借鉴和启示。

第五章　数字化经济的市场分析

一、数字化经济市场的规模和结构

根据中国信息通信研究院发布的《中国数字经济发展研究报告（2023年）》显示，2022年中国数字经济规模达到50.2万亿元，同比增长4.68万亿元，同比名义增长10.3%，占国内生产总值（GDP）的比重为41.5%。其中，产业数字化的规模为41.3万亿元，占数字经济的比重为82.3%；数字产业化的规模为8.9万亿元，占数字经济的比重为17.7%。

2017—2022年我国数字产业化和产业数字化规模，如图5-1所示。

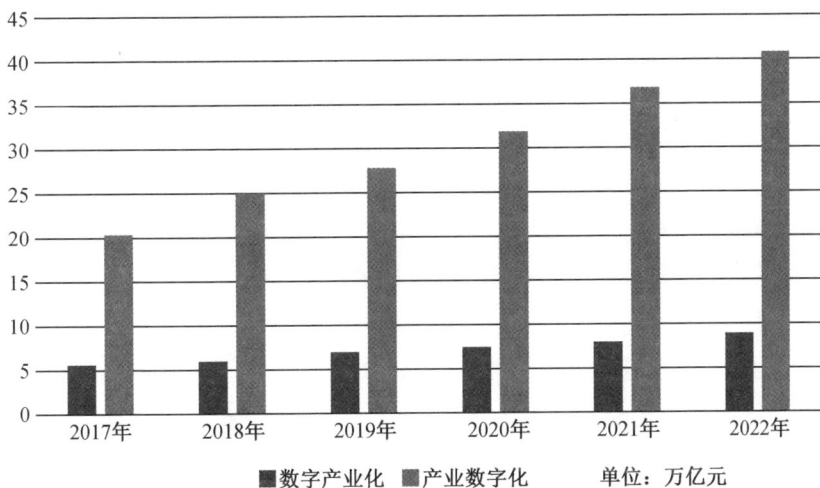

图5-1　2017—2022年我国数字产业化和产业数字化规模

资料来源：中国信息通信研究院。

有关数据显示，我国数字经济规模增速已连续11年显著高于同期名义GDP增长率，其占GDP的比重已经与我国第二产业所占比重相当。这一现象

❖ 说明了数字经济在中国经济中的地位越来越重要。

第二产业通常包括制造业、工业和建筑业等物质生产部门，而数字经济则代表了信息技术、互联网、电子商务等数字领域的经济活动。这不仅意味着数字经济已经成为国家经济的重要组成部分，而且也反映了经济发展的趋势。随着信息技术的快速发展和数字化转型的加速推进，数字经济迅速崛起。相比传统的物质生产部门，数字经济具有更高的创新性、效率和增长潜力。因此，数字经济占 GDP 比重的增加，也可以被视为经济结构调整和转型升级，以及实现可持续和高质量经济增长的一个重要标志。

在全球范围内，数字化经济市场的规模也在不断扩大。根据国际数据公司（International Data Corporation，IDC）的数据，全球数字化转型支出预计将在 2025 年达到 2.8 万亿美元，其中亚太地区的数字化转型支出将占全球的 35% 左右。

中国的数字化经济按内部结构可划分为产业数字化和数字产业化两大部分。其中，数字产业化，也称为数字经济基础部分，即信息产业，具体业态包括电子信息制造业、电信业、软件和信息技术服务业、互联网行业等。产业数字化，也称为数字经济融合部分，即传统产业由于应用数字技术所带来的生产数量和生产效率提升，其新增产出构成数字经济的重要组成部分。

近年来，产业数字化占数字经济的比重在 82% 左右波动。数据显示，2022 年产业数字化占数字经济比重最大，达到 81.7%，为数字经济持续健康发展输出强劲动力；数字产业化占数字经济的比重为 18.3%。

以经济学统计标准，国家统计局将数字化经济产业结构划分为数字产品制造业、数字产品服务业、数字技术应用业、数字要素驱动业、数字化效率提升业五大类，前四项为数字化经济的核心产业。

其中，数字产品制造业包括计算机制造、通信及雷达设备制造、数字媒体设备制造、智能设备制造、电子元器件及设备制造、其他数字产品制造业等；数字产品服务业包括数字产品批发、数字产品零售、数字产品租赁、数字产品维修等；数字技术应用业包括软件开发、电信和广播电视传输服务、卫星传输服务、互联网相关服务、信息技术服务等；数字要素驱动业包括互联网平台、互联网金融、互联网批发零售、数字内容与媒体、信息基础设施建设、数据资源与产权交易等；数字化效率提升业包括智慧农业、智能制造、智能交通、智能物流、数字金融、数字商贸、数字社会、数字政府等。

二、数字化经济市场的需求分析

当前，我国的数字化经济蓬勃发展，数字化经济规模高速扩展的原因主要是为了满足以下五个方面的需求。

(一) 争夺国际竞争制高点的战略需求

数字化经济已经成为全球经济发展的重要引擎，对于国家的经济增长、创新能力提升和国际竞争力提高具有至关重要的影响。

数字化经济为国家提供了新的经济增长点。随着信息技术的不断发展，数字经济已经成为各国经济增长的重要驱动力。通过发展数字化经济，国家可以提高生产效率、降低成本、创造新的就业机会，从而实现经济的可持续增长。

数字化经济可以提高国家的创新能力。数字化经济的发展需要大量的技术创新和商业模式创新，这为国家的创新能力提供了重要的支撑。通过发展数字化经济，国家可以吸引更多的创新资源和人才，提高科技水平和创新能力，从而在全球竞争中占据更有利的地位。

数字化经济增强了国家的国际竞争力。在数字化时代，国家间的竞争不仅仅体现在传统的经济领域，如制造业和贸易，还扩展到数字技术、创新能力和数据资源等方面。数字化经济的发展可以提高国家在全球价值链中的地位，增强国家在国际贸易中的话语权和竞争力。通过发展数字化经济，国家可以提高自身的产业竞争力，促进出口，吸引外资，从而在全球经济格局中发挥更大的作用。

目前，中国正处在百年未有之大变局，国际力量对比发生深刻变化，全球经济未来发展的主动权竞争焦点逐渐向数字经济集中。一些领先的国家和地区纷纷采取前瞻性战略，优先布局数字技术和产业，推动数字化应用，加强数据安全流通治理，抢抓数字经济发展机遇。美国通过推动实施《美国数字经济议程》《2021 年创新和竞争法案》等，聚焦人工智能、量子计算、先进制造、5G 等关键数字技术领域的发展。欧盟出台了《塑造欧盟数字未来》《欧洲数据战略》《欧洲数字主权》《2030 数字罗盘》等政策文件，旨在谋划欧盟在数字经济领域的领先优势。日本提出了"互联工业""社会5.0""数字新政"等战略，力求在半导体材料、关键元器件领域取得全球领先地位，谋求通过数字经济推动经济增长和社会变革。

发展数字化经济是我国的国家战略。党的十八届五中全会提出，实施网络强国战略和国家大数据战略，拓展网络经济空间，促进互联网和经济社会融合发展，支持基于互联网的各类创新。党的十九大提出，推动互联网、大数据、人工智能和实体经济深度融合，建设数字中国、智慧社会。党的十九届五中全会提出，发展数字经济，推进数字产业化和产业数字化，推动数字经济和实体经济深度融合，打造具有国际竞争力的数字产业集群。《网络强国战略实施纲要》《数字经济发展战略纲要》从国家层面部署推动数字经济发展。近年来，我国数字经济发展较快、成就显著，其规模已经连续多年位居世界第二。

相较于传统经济，数字化经济在发展质量、发展效率和发展动力方面均具有显著的优越性。因此，许多国家都将发展数字化经济视为重要的战略目标，以提升本国在全球数字化竞争中的地位。数字化经济作为技术产业主导权的新高地、国际治理话语权的新领域，正在推动重塑全球竞争格局。

(二)优化产业结构、推动产业转型升级的需求

随着全球经济的发展，传统产业结构可能会面临一些问题，如产能过剩、资源浪费、环境污染等。而数字化经济可以通过信息技术的应用，以数字化手段推动传统产业的转型升级，提高产业的附加值和竞争力。在数字化经济的推动下，传统产业可以实现智能化、绿色化、高端化发展，从而优化产业结构，提高产业的整体素质和效益。

数字化经济可以推动传统产业向智能化、高端化、绿色化方向发展。例如，在制造业中，通过数字化技术可以实现智能化生产、提高生产效率、降低成本；在服务业中，数字化技术可以提升服务质量、拓展服务领域、创新服务模式。此外，数字化经济还可以催生新的产业和业态。电子商务、共享经济、数字金融等新兴领域的发展，为经济增长带来了新的动力。

数字化经济还可以推动传统产业的绿色化升级。通过应用数字化技术，传统产业可以实现资源的优化配置和循环利用，减少能源和资源的浪费，降

低环境污染。例如，在农业中，数字化技术可以实现精准农业，提高农业生产效率和农产品质量，减少农药和化肥的使用，降低环境污染。

数字化经济还能推动传统产业向高端化升级。通过应用数字化技术，传统产业可以实现产品的高端化和差异化，提高产品的附加值和竞争力。例如，在服务业中，数字化技术可以实现智能化服务，提高服务质量和效率，满足消费者的个性化需求。

我国拥有强大的数字基础设施，5G建设已处于绝对领先。截至2023年年末，中国5G基站总数达337.7万个，5G虚拟专网数量3.16万个，5G应用案例数超过9.4万个，在97个国民经济大类中已有71个融入了5G，覆盖近七成大类行业，并在工业、矿业、电力、港口、医疗等重点垂直行业展开规模复制。中国已建成具有一定影响力的工业互联网平台340家以上，"5G+工业互联网"项目超过1万个，而代表当今全球制造业智能制造和数字化最高水平的"灯塔工厂"也已经达到62个。

更为重要的是，我国数字化经济具有强大的数据来源。截至2023年底，我国移动电话用户数量已达17.27亿户，移动电话用户普及率达到122.5部/百人，比世界平均水平（107部/百人）高15.5%。其中，接近一半数量的是5G移动电话用户，是世界平均水平的2.5倍；截至2023年6月，我国网民规模达10.79亿人，互联网普及率达76.4%，网民中使用手机上网的比例为99.8%，数量规模为全球第一。数据是数字化经济中的关键生产要素，数量如此庞大的网民群体每时每刻都在生产海量的数据，这个量级的数据供给在世界其他国家是难以想象的。

（三）企业提高竞争力的需求

企业为了提高效率、降低成本、优化运营，纷纷采用数字化技术来提升竞争力。数字化技术可以帮助企业实现业务流程自动化、数据分析智能化等。强大的数字化基础设施、海量的数据、不断涌现的新技术，都切实保障了企业数字化提升的供给。

（四）提升居民收入水平的需求

数字化经济的发展带来了许多新的职业和工作机会，如电子商务、数字营销、数据分析等。这些工作领域的出现为人们提供了更多的就业选择，增加了收入来源。数字技术的应用可以提高企业的生产效率和运营效率，降低生产成本，从而增加企业的赢利能力。这可能导致企业提高员工的工资和福利，或者扩大业务规模，创造更多的就业机会。数字化经济为创业者提供了更广阔的平台和机会，通过互联网和数字技术，人们可以更容易开展创业项目，实现个人的商业梦想，提高自己的收入水平。数字化经济的发展要求人们不断提升自己的数字技能和知识水平，以适应新的工作需求和市场变化。通过学习和掌握数字技术，人们可以提高自己的就业竞争力，获得更高收入的工作。

此外，数字化经济的电子商务、共享经济等商业模式为消费者提供了更多的选择和更优惠的价格，可以帮助消费者节省开支，同时也促进了消费需求的增长，为企业创造更多的商机和收入。数字化经济的发展可以带动整个经济的增长，创造更多的财富和收入机会。一个健康增长的经济环境通常会对居民收入水平的提升产生积极影响。

（五）推动消费升级的需求

发展数字化经济是推动消费升级的重要手段之一。通过数字化技术的应用，可以更好地满足消费者的需求，以及提升消费体验，推动传统产业的数字化转型，创造新的消费需求和商业模式，从而实现消费升级和经济的可持续发展。

随着人们生活水平的提高，消费者对于产品和服务的需求越来越多样化和个性化。数字化经济通过大数据、人工智能等技术，可以更好地了解消费者的需求和喜好，为消费者提供更加精准和个性化的产品与服务，满足消费者多样化的需求。

数字化经济通过互联网、移动互联网、物联网等技术，为消费者提供更加便捷、高效、智能化的消费体验。例如，电子商务、在线支付、智能家居等数字化服务，极大地提升了消费者的购物和生活体验。

传统产业的数字化转型，提高了产品和服务的质量与附加值，也推动了消费升级。例如，智能制造、智慧物流等数字化技术的应用，可以提高产品的品质和生产效率，从而为消费者提供更高质量的产品和服务。

　　数字化经济还能创造新的消费需求和商业模式，数字化经济催生了共享经济、订阅模式、按需服务等创新的商业模式，为消费者提供了更多灵活和多样化的消费选择，推动了消费升级。

　　在消费端，无论是购物、娱乐，还是社交、医疗、金融，数字化经济的市场供给都是全方位的，而且是过剩的，电子商务、在线支付、智能家居、远程医疗、社交媒体、互联网金融等，都为消费者提供了全面的不断超出预期的服务。

三、数字化经济市场的竞争格局和趋势

(一)数字化经济市场的主要参与者

　　数字化经济市场的主要参与者包括数字化科技巨头、传统企业、初创企业、金融机构、政府和公共机构、消费者。

　　其中，数字化科技巨头，如谷歌、亚马逊、微软、阿里巴巴、腾讯等大型科技公司，在数字化经济中扮演着重要的角色，通过技术创新和平台建设推动数字化经济的发展。许多传统企业也在积极转型数字化，通过数字化技术提升业务效率、降低成本、拓展市场。例如，零售企业、金融机构、制造业等都在加快数字化转型。数字化经济领域的初创企业通常具有创新的商业模式和技术，它们在数字化经济中扮演着重要的推动作用，为市场带来新的活力和竞争。金融机构在数字化经济市场中扮演着重要的角色，它们通过数字化技术和服务，为企业和个人提供金融支持和服务，推动数字化经济的发展。政府和公共机构在数字化经济中也扮演着重要的角色，它们通过政策支持、法规制定和公共服务提供等方式推动数字化经济的发展。消费者是数字化经济的最终受益者和参与者，他们通过使用数字化技术和服务，享受更加便捷、高效、个性化的生活和工作体验。

　　不同的参与者在数字化经济市场中扮演着不同的角色，它们之间的竞争与合作关系也不断演变和调整，共同推动数字化经济的发展。

　　在所有数字化经济市场的参与者中，互联网公司和数字平台的巨头企业是数字化经济市场竞争中的重要主体，科技巨头在数字化经济市场中扮演着重要的角色，它们通过技术创新和平台建设成为数字化经济发展的主要推动

力。具体来说，科技巨头在数字化经济市场中扮演以下几个角色。

1. 技术创新者

科技巨头通常拥有强大的研发能力和技术团队，能够不断推出新的技术和产品，推动数字化经济的发展。例如，谷歌、亚马逊、微软等科技巨头在人工智能、云计算、大数据等领域的技术创新，为数字化经济的发展提供了重要的支撑。

2. 平台建设者

科技巨头通过建设数字化平台，为企业和个人提供数字化服务和解决方案，推动数字化经济的发展。例如，阿里巴巴、京东、拼多多等电子商务平台。

3. 数据提供者

科技巨头通过收集、分析和利用大数据，为企业和个人提供数据服务和解决方案，推动数字化经济的发展。例如，谷歌、百度、腾讯等科技巨头通过搜索引擎、社交媒体等平台。

4. 生态系统建设者

科技巨头通过建设数字化生态系统，为企业和个人提供数字化服务和解决方案，推动数字化经济的发展。例如，苹果、小米、华为等科技巨头。

5. 行业领导者

科技巨头通常在数字化经济领域拥有强大的市场地位和影响力，能够引领行业发展趋势，推动行业变革。例如，苹果、谷歌等科技巨头在智能手机、移动互联网等领域的领导地位，推动了数字化经济的发展。

此外，初创企业在数字化经济市场竞争中同样不容小觑。初创企业通常是技术创新的源头，拥有创新和创造性思维，它们通过创新或引入新的技术和商业模式，以较强的创新能力和灵活性，迅速适应市场变化和消费者需求，从而对传统行业产生冲击和颠覆。例如，字节跳动在2012年刚成立时只有3个人和一间小办公室，10年后成为社交媒体行业的世界级科技巨头，在全球范围内拥有超过25亿活跃用户，市值达3 000亿美元，员工人数也超过了12万人。

(二) 数字化经济市场的竞争格局

数字化经济市场的竞争格局是复杂且不断变化的。

从企业间竞争的角度来看，在数字化经济市场中，大型科技公司扮演着重要角色。谷歌、亚马逊、Facebook、苹果、微软等公司凭借其强大的技术实力、品牌影响力和用户基础，在多个领域占据主导地位。这些公司通过不断创新和扩大业务范围，进一步巩固了其市场地位。

在数字化经济，尤其是互联网市场竞争中，头部效应非常明显。头部效应是指在某个领域或市场中，少数几家大型企业或平台占据了主导地位，拥有巨大的市场份额和影响力，而其他较小的企业则难以与之竞争。这种头部效应在互联网行业中的表现最为突出，在互联网行业中，一直有"互联网时代的竞争只有第一没有第二"的说法，其原因主要是互联网的网络效应和规模经济使领先企业能够更容易地吸引用户、积累数据、扩大规模，并通过平台化战略进一步巩固其地位。例如，谷歌在全球搜索引擎市场、Facebook 在全球社交媒体市场、亚马逊在全球电子商务市场、YouTube 在全球在线视频市场都占据主导地位，其市场份额远远超过其他竞争对手。

国内也同样如此。在移动支付领域，支付宝和微信支付在中国移动支付市场占据 95% 以上的市场份额，处于绝对主导地位；在电子商务平台领域，天猫占综合性电子商务市场份额的 49%，京东以 26% 位居第二位，拼多多以 24% 位居第三位，三家头部企业就占据了整个综合性电子商务市场份额的 99%；在电商直播领域，抖音占有 47% 的市场份额，几乎是点淘、快手的市场份额之和。

头部效应的存在对于整个行业和市场的发展会产生一些负面影响。头部企业往往拥有更多的资源和资金，更容易进行研发和创新。这可能导致其他企业难以获得足够的支持和机会，从而抑制了整个行业的创新能力；头部企业的规模和影响力使它们在市场竞争中具有更大的优势，可能导致其他企业难以与之公平竞争；头部企业的垄断地位可能导致价格上涨、服务质量下降等问题，损害消费者的利益。数据垄断、滥用市场支配地位、价格滥用、排他性交易等都是互联网垄断的具体表现。

尽管科技巨头占据主导，但数字化经济市场也为新兴企业提供了机会。初创企业和创新型公司通过引入新的商业模式、技术创新和独特的价值主张，挑战现有的市场格局。这些新兴企业往往更加灵活，能够更快地适应市场变化和满足用户需求。

从产业融合的角度来看，根据中国信息通信研究院发布的《中国数字经济发展研究报告（2023年）》显示，2017—2022年，在中国数字经济细分领域中，数字产业化占比持续下降，而产业数字化占比持续提升。随着互联网、大数据、人工智能等数字技术的赋能作用日益突出，其与实体经济的融合走向纵深发展的道路，产业数字化将呈现更加多样化的发展。在这方面，中国各省的数字经济产业发展成效都非常显著，其中广东省无论从数字经济增加值还是A股上市企业数量均位列全国首位，与江苏省、浙江省同处于全国数字经济第一阵营，是引领全国数字经济产业发展的风向标。各省的细分产业各有侧重，如广东省、江苏省以电子信息制造业为特色。其中，广东省依托智能终端、信息通信、集成电路设计等领域良好的产业基础，电子信息制造业总体规模连续30余年稳居全国首位，且遥遥领先其他省；浙江省集聚数字安防三巨头，打造了数字安防标志性产业链。

从地域和全球竞争的角度来看，数字化经济市场的竞争不仅限于国内，还存在着全球竞争。随着数字化技术的不断发展和普及，越来越多的企业和国家开始意识到数字化经济的重要性，并积极参与到全球数字化经济的竞争中。在全球数字化经济的竞争中，企业需要面对来自不同国家和地区的竞争对手。这些竞争对手可能具有不同的文化背景、商业模式、技术水平和市场需求等特点，企业要想在不同国家和地区拓展业务，就需要应对各地的市场需求、法律法规和文化差异。

国际竞争加剧了企业在技术、品牌、营销和供应链等方面的竞争压力。因此，企业需要不断创新和提升自身的竞争力，以适应全球数字化经济的发展趋势。同时，政府也要在数字化经济的全球竞争中发挥积极作用，通过制定相关政策、提供资金支持、加强知识产权保护等措施，促进本国数字化经济的发展，并提高本国企业在全球数字化经济中的竞争力。

（三）数字化经济市场的竞争趋势

今后，数字化经济市场的竞争将主要集中在以下几个方面。

1. 技术创新的竞争

在数字化经济中，技术创新是企业取得成功的关键因素之一。企业要想在数字化经济中取得发展需要不断进行技术创新，以满足市场需求和提高竞争力。

人工智能、大数据、云计算等新兴技术的应用，将成为企业在数字化经济市场中竞争的重要手段。技术创新可以帮助企业提高生产效率、降低成本、改善产品和服务质量，并创造新的商业模式和收入来源。因此，企业需要加大对研发的投入，吸引优秀的技术人才，建立创新文化和激励机制，以推动技术创新的发展。

同时，企业需要密切关注市场和技术的发展趋势，及时调整战略和业务模式，以适应数字化经济的变化；还需要加强知识产权保护，保护自己的技术创新成果，避免被竞争对手模仿和侵犯。

2. 创新商业模式的竞争

企业要在数字化经济中发展，需要进行创新商业模式的竞争。随着数字化技术的不断发展和应用，传统的商业模式已经难以满足市场需求和消费者的期望。因此，企业需要不断探索新的商业模式，以创造更多的价值和收益。

创新商业模式可以帮助企业开拓新的市场空间、提高客户满意度、降低成本、提高效率，并创造新的收入来源。例如，共享经济、平台经济、数字货币等新的商业模式，已经在数字化经济中取得了显著的成功。

在数字化经济中，商业模式的创新成为企业获取竞争优势的重要途径。为了进行创新商业模式的竞争，企业需要深入了解市场需求和消费者的行为，掌握数字化技术的应用和发展趋势，建立创新文化和团队，进行有效的风险管理和资源配置。

3. 用户体验的竞争

在数字化经济市场中，用户体验至关重要，已经成为企业获取竞争优势的重要因素。随着数字化技术的不断发展和应用，消费者对产品和服务的期望越来越高。他们希望获得更加便捷、高效、个性化的服务体验。因此，优化用户体验可以帮助企业提高客户满意度、增强用户忠诚度、增加销售额和利润，并提高品牌价值。例如，通过智能化的用户界面、个性化的推荐服务、快速的响应时间等方式，提高用户的使用体验和满意度。企业需要不断优化产品和服务的用户体验，深入了解消费者的需求和行为，建立用户中心的设计理念和团队，进行有效的用户测试和反馈机制，以满足消费者的需求和期望，从而吸引和留住用户。

4. 生态系统竞争

数字化经济市场中的企业不再是孤立的个体，而是处于一个生态系统中，生态系统包括了供应商、合作伙伴、消费者、竞争对手等各种角色。企业需要与其他企业合作，共同构建生态系统，并在生态系统中获得竞争优势。例如，企业可以通过与供应商合作，提高供应链的效率和质量；与合作伙伴开展战略合作，共同开发新产品和服务；与消费者互动，提高用户体验和忠诚度。

在生态系统竞争中，企业需要不断优化自身的产品和服务，建立开放的合作伙伴关系，加强供应链管理，提高用户体验和忠诚度，积极参与行业标准制定，以便在与竞争对手争夺生态系统资源和市场份额时提高自身的竞争力。

5. 全球化竞争

随着数字化技术的不断发展和应用，数字化经济市场的竞争已经超越了国界，企业可以更加便捷地进入全球市场，并在世界范围内与其他企业进行竞争。企业需要建立全球化的团队、加强国际合作、拓展海外市场、提高品牌知名度，并根据不同国家和地区的市场需求和文化特点，制定相应的战略和营销策略，不断提高自身的竞争力，包括产品和服务的质量、品牌价值、创新能力、成本控制等方面。

四、案例分析：共享单车市场的快速崛起和沉寂

共享单车的故事始于 2014 年，一家名为 ofo 小黄车的初创品牌在中国推出了免押金、即行即停的共享单车服务，致力于解决大学校园的出行问题，共计超过 2 000 辆 ofo 小黄车出现在北大校园内，几个月后，ofo 小黄车火爆北京各大高校。从校园走向社会，这项创新立即引起了广泛关注和欢迎，成为共享经济的一个重要里程碑。

共享单车的优势不言而喻。它解决了"最后一公里"的出行问题，让人们从地铁站、公交站到家或公司的路程变得更加轻松；减少了对私家车的依赖，有助于缓解交通拥堵和空气污染。更重要的是，它倡导了一种健康、环保的生活理念。

2016 年，共享单车迅速在用户市场、资本市场获得青睐。这一年，共享单车企业总计获得融资近 50 亿美元，其中，摩拜单车累计获得融资约 12 亿

美元，ofo 小黄车获得融资额高达 14.5 亿美元。作为后起之秀的哈啰单车也得到了阿里巴巴集团的全资投资，金额高达 3.5 亿美元。

2017 年，共享单车逐渐成为继公交巴士、地铁之后的第三大出行方式，行业处于爆发阶段，单车数量达到 2 300 万辆，用户规模达到了 2.09 亿。随着共享单车自身的便捷性，加之共享单车企业获融资后规模不断扩大，投放的共享单车越来越多。

共享单车的发展也受到了市场竞争的压力。随着越来越多的共享单车企业进入市场，竞争也变得更加激烈。为了争夺用户，各家企业不断推出新的服务和优惠，如增加充电桩、推出会员制度等。这不仅加剧了行业的竞争，也加速了新技术、新模式的出现。例如，电动共享单车、智能锁等新兴技术的应用，进一步提升了用户的使用体验。用户的认同是共享单车能够快速崛起，并受到资本追捧的重要原因。

部分共享单车品牌的发展情况，见表 5-1 所列。

表 5-1 部分共享单车品牌的发展情况

品牌	产品	成立时间	市场定位
ofo 小黄车	自行车	2014.03	首先占领一、二线城市，之后向二、三线城市扩张
摩拜(美团)	自行车、助力车	2015.01	首先占领一、二线城市，之后向二、三线城市扩张
骑呗单车	自行车	2015.07	从杭州市开始
小鸣单车	自行车	2016.07	提前布局的电子围栏，改善一线城市运营管理模式，并在三线城市做有序的投放和管理
哈啰	自行车、助力车、电动车	2016.09	"农村包围城市"，重点布局二线及以下线级城市
悟空单车	自行车	2016.09	从重庆开始，覆盖全国大多数的中小城市
优拜单车	自行车	2016.07	努力做到"行业第三"、主攻二、三线南方城市
酷骑单车	自行车	2016.11	在二、三线城市发展

表 5-1(续)

品牌	产品	成立时间	市场定位
町町单车	自行车	2016.11	由南京开始向外拓展
由你单车	自行车	2016.06	从北京开始,以校园共享单车作为切入点
小蓝单车	自行车	2016.11	以半个月入驻一个城市的节奏先从南方城市开始布局,然后进军海外市场
滴滴(青桔)	自行车、助力车	2018.01	主要投放在三、四线城市

资料来源:华经产业研究院。

然而,共享单车的发展并非一帆风顺。随着它的普及,一系列问题也接踵而至,如运维成本高、车辆损坏率高等。此外,共享单车的发展也带来了一些社会问题。例如,随意停放的单车有时会阻碍人行道,甚至影响交通安全;有的单车因为维护不善,变得破旧不堪,影响了用户的骑行体验;还有一些用户不遵守规则,私自占为己有,破坏了共享单车的共享精神。

经过了 2017 年的高峰期之后,共享单车行业进入沉淀期。由于市场竞争激烈,大量企业涌入共享单车领域,导致供过于求,市场饱和。在激烈的市场竞争中,从摩拜单车、ofo 小黄车、哈啰单车"三巨头",到其他单车品牌,无不咬紧牙关依靠补贴抢市场。同时,共享单车的管理和维护成本较高,包括车辆调度、维修、保养等方面,给企业带来了较大的压力。最终,多数品牌因资金耗尽而黯然离场,少数品牌被收购,市场格局从"百家争鸣"变为美团、滴滴、哈啰单车"三足鼎立"。虽然共享单车市场逐渐稳定,但亏损的局面依然没有改观,2022 年,哈啰单车已累计亏损 50 亿元。

共享单车当年的火爆主要是由于企业借助科技的力量,给城市中人们的短距离出行带来了方便;今天的沉寂既有商业模式上的缺陷,也有用户体验跟不上消费者的期望的原因。

共享单车行业是一个重资产模式,前期投入巨大,车辆的制造成本直接受供应链上游价格变动的影响,但最大的问题是无法忽视的后期运维成本。而共享单车行业自身盈利模式单一,免押金模式盛行后,仅依靠用户骑行收费的微薄毛利,还达不到合理的利润率,所以,共享单车行业连维持自身的良性运转都是件很困难的事。

　　在用户体验上，共享单车也遇到了挑战。根据艾媒咨询发布的《中国共享单车消费者行为调研数据》分析，每周仅使用1~4次共享单车的用户占用户总数的90%。2022年中国共享单车用户拒绝使用共享单车的首要原因是还车不方便，占比达64.85%，其次是找车困难，此外因为涨价拒绝使用的人群占32%。在刚性需求面前，用户对糟糕的服务体验非常敏感，这加剧了价格与品质不匹配的用户印象。

　　仅靠租车收费和不多的车身广告收入，共享单车已经很难赚到钱。因为共享单车属于最贴近消费者的行业之一，所以引流成为目前共享单车仅剩的价值，而一旦流量价值下滑或被其他的流量渠道替代，共享单车可能就会面临被抛弃的命运。

第六章 数字化经济商业模式的
设计原则和价值主张

一、数字化经济商业模式的设计原则

数字化经济商业模式的设计原则包括用户中心原则、数据驱动原则、平台化原则、创新性原则、便利性原则、可持续发展原则、合规性原则等。数字化经济商业模式的设计原则，应以更加有效和可持续地提高企业的竞争力和创新能力为目的。

(一) 用户中心原则

以用户为中心是数字化经济商业模式设计中非常重要的一个原则。在数字化时代，用户的需求和体验变得越发重要，用户是商业模式的核心，企业需要以用户需求为中心，设计出满足用户需求的产品和服务。

企业需要深入了解用户的需求、偏好和行为，通过数据分析和用户反馈等方式，精准地满足用户的期望，建立用户关系，持续优化产品和服务，提供个性化服务。遵循用户中心原则可以帮助企业更好地满足用户需求，提高用户体验感和满意度，增强用户忠诚度。例如，耗费巨资的仓储物流体系是京东商业模式中最重要的组成部分，通过自家的仓储物流体系，京东实现了即日达，有效地提升了用户体验。

(二) 数据驱动原则

数据驱动原则在数字化经济的商业模式设计中非常重要。数据是企业的重要资产，通过数据的收集、分析和利用，企业可以更好地了解用户需求、市场趋势和运营情况，从而提高企业的决策效率，优化产品和服务，提高效率和竞争力。

基于数据驱动原则，企业可以设计出更具创新性和个性化的商业模式。目前，大型的电子商务平台、社交媒体、娱乐平台，如淘宝、京东、今日头条、抖音等，都是利用数据和算法了解用户的观看历史和偏好，并以此为依据向每位用户推荐个性化商品广告、社交媒体内容及影视音乐等娱乐内容。

（三）平台化原则

在数字化经济中，平台化是一种重要的商业模式。平台化原则是数字化经济中一个非常重要的设计理念。平台化的商业模式可以通过整合资源、提供便捷的交易环境和多样化的服务，吸引大量的用户和参与者，从而创造更大的价值。

通过建立平台，企业可以打破传统线性供应链的限制，实现多方互动和协同创新。例如，电子商务平台连接了供应商和消费者，共享经济平台连接了服务提供者和需求者，社交媒体平台连接了用户和内容创作者。

平台化原则还可以带来网络效应，即随着用户数量的增加，平台的价值也会不断增长。同时，平台还可以通过数据积累和分析，进一步优化用户体验，满足不同用户的个性化需求。

（四）创新性原则

创新性原则是设计数字化经济商业模式的关键之一。在数字化经济中，创新是企业发展的重要动力，企业只有不断创新，推出具有差异化和竞争力的产品和服务，才能在激烈的市场竞争中脱颖而出。如，同样是快递企业，顺丰依靠优质、安全、快捷的服务取胜，而极兔则是依靠极致的低价在激烈的快递市场竞争中站稳了脚跟，这背后都是企业内部的流程、供应链、人力资源管理等诸多环节的创新。

创新可以体现在很多方面，如产品或服务的创新、商业模式的创新、技术应用的创新等。通过引入新的思维和方法，企业可以开拓新的市场空间，满足用户未被满足的需求，提高用户满意度和忠诚度。

同时，创新还可以帮助企业提高运营效率，降低成本，增强竞争力。在数字化经济中，新的技术和趋势不断涌现，企业需要及时关注并善于利用这些创新的力量。

（五）便利性原则

便利性原则在数字化经济商业模式设计中非常重要。把方便让与用户，把麻烦留给自己。在设计数字化经济的商业模式时，应考虑如何让用户更加方便地使用产品或服务，如何让用户的生活、工作更加便捷。电子商务平台、外卖平台、共享单车、移动支付、在线服务等，便利性都是其商业模式的重要优势之一。

例如，现在很多电子商务平台都提供了一键下单、快速支付、快递配送等便利性服务，让消费者可以轻松地购买商品。还有一些在线办公软件，提供了实时协作、文件共享等功能，让人们可以更方便地进行远程办公。此外，智能家居系统也是一个很好的例子。通过手机应用软件就能控制家里的灯光、电器等设备，为人们的生活带来了极大的便利。

（六）可持续发展原则

在数字化经济中，技术和市场变化迅速，企业需要不断适应和创新以保持竞争力。考虑商业模式的可持续性，包括盈利模式、成本控制和资源利用等方面，可以帮助企业在长期内保持竞争力，避免短视行为。可持续发展原则鼓励企业关注长期利益，避免过度追求短期利益而忽视潜在风险。这有助于企业在面对不确定性和风险时做出更明智的决策，降低经营风险。

在消费者越来越关注环境和社会问题的背景下，遵循可持续发展原则可以帮助企业树立良好的品牌形象。企业作为社会的一分子，需要承担相应的社会责任。遵循可持续发展原则可以帮助企业在追求经济利益的同时，关注环境、社会和治理等方面的问题，为社会做出积极贡献。例如，在能源领域，数字化技术可以优化能源管理，提高能源利用效率，减少碳排放；在物流行业，通过智能化的配送系统可以降低运输成本，减少环境污染。此外，企业可以通过数字化手段推动绿色消费，鼓励用户选择环保产品和服务，还可以利用数字化技术改善教育、医疗等公共服务，促进社会的公平与发展。

尽管可持续发展原则可能在短期内需要一定的投资，但从长期来看，它可以为企业带来经济效益。例如，通过降低资源消耗、提高生产效率和优化供应链，可以降低成本，提高赢利能力。

（七）合规性原则

随着数字化经济的发展，各国政府和监管机构出台了一系列法律法规，以规范数字经济领域的商业活动。遵循合规性原则有助于企业确保其商业模式符合相关法律法规的要求，避免违法行为和法律风险；有助于维护公平竞争的市场秩序，防止企业从事不正当竞争行为，如垄断、价格操纵、侵犯知识产权等，从而保障市场的公平竞争环境。

合规性原则要求企业在设计商业模式时，充分考虑消费者的权益和利益，确保消费者的个人信息得到保护、交易过程公平透明、产品或服务质量可靠。这有助于消费者建立对企业的信任，提高消费者的满意度。例如，在数据保护方面，企业需要遵守相关法律法规，确保用户数据和隐私的安全。如果企业未能保护好用户数据，可能会导致用户信任受损，甚至面临法律诉讼。

在数字化经济中，企业的声誉和品牌形象对于其成功至关重要。企业行为合规可以帮助企业树立良好的声誉和品牌形象，增强消费者、合作伙伴和投资者对企业的信心。

此外，随着全球化的加速，企业在国际市场上的竞争越来越激烈。遵循合规性原则有助于企业在国际市场上获得竞争优势，因为合规的企业更容易获得国际合作伙伴、投资者和消费者的认可。

二、明确和差异化的价值主张

价值主张是指企业为客户提供的产品或服务所带来的核心价值和差异化优势。它是企业与竞争对手区分开来的关键因素，是企业与客户建立关系的基础，也是吸引客户选择该企业的主要原因。价值主张也是设计数字化经济商业模式的重要组成部分。

明确和差异化的价值主张对于企业在市场竞争中取得成功至关重要，企业必须要有明确和差异化的价值。

首先，在激烈的市场竞争中，企业需要与其他竞争对手区分开来。客户在选择产品或服务时，通常会根据自己的需求和偏好进行选择。明确和差异化的价值主张可以帮助企业突出自己的特色和优势，更好地满足客户的需求，提供独特的价值。清晰的价值主张便于企业进行有效的市场营销和沟通，让消费者更容易理解和接受企业的产品或服务,从而赢得客户的信任和忠诚度,吸引更多的客户选择自己的产品或服务。

其次,价值主张是企业品牌形象的重要组成部分。一个明确和差异化的价值主张可以帮助企业在市场上树立独特的品牌形象,增强品牌的认知度和美誉度。

再次,明确和差异化的价值主张可以为企业的战略决策提供指导。企业可以根据自己的价值主张来确定产品研发、市场营销、客户服务等方面的策略,确保企业的各项活动都与价值主张相一致。

又次,拥有明确和差异化的价值主张可以帮助企业在市场上获得竞争优势。差异化的价值主张可以使企业在价格、质量、服务等独树一帜,从而提高企业的市场份额和赢利能力。

最后,明确的价值主张可以帮助企业内部团队更好地理解公司的核心目标和使命,从而更加专注地为客户提供价值。例如,苹果公司的价值主张之一就是提供设计精美、用户体验卓越的产品;亚马逊公司则强调提供丰富的商品选择、便捷的购物体验和高效的物流服务。

价值主张通常包括以下几个方面。

(1)市场定位:明确的价值主张有助于企业在激烈的市场竞争中找准定位,与其他竞争对手区分开来。

(2)客户需求:企业或产品需要了解客户的需求和痛点,针对这些需求提供解决方案。

(3)产品或服务特点:企业或产品需要明确其产品或服务的特点和优势,如品质、功能、性能、创新等。

(4)竞争优势:企业或产品需要与竞争对手相比具有明显的优势,如价格、服务、品牌、渠道等。

(5)价值传递:企业或产品需要通过有效的营销和沟通渠道,将其价值主张传递给客户,并建立起客户对其品牌的认知和信任。

一个好的价值主张应该能够满足客户的需求,解决他们的问题,并为他们创造价值。在数字化经济中,价值主张通常与创新、便利性、个性化、效率等方面相关。例如,一款提供在线课程的教育平台,其价值主张可能是提供高质量、个性化的学习体验,帮助学生更方便地获取知识和提高技能;一个电子商务平台的价值主张可能是提供丰富的商品选择、便捷的购物流程和优质的客户服务。

此外，一个成功的价值主张应该是简洁明了、易于理解和记忆的，同时能够准确地传达企业或产品的核心价值和差异化优势，从而吸引客户选择该企业或产品。

三、企业的关键资源和关键能力

企业的关键资源和能力是指那些对企业实现其战略目标和成功运营具有重要影响的要素，简单来说就是对企业成功至关重要的资源和能力。这些资源和能力可以帮助企业实现其战略目标，建立竞争优势，并在市场上获得成功。

企业的关键资源和能力是企业独特的竞争优势所在，它们使企业能够在市场中脱颖而出，并实现可持续发展。不同行业和企业的关键资源与能力可能会有所不同，企业需要根据自身情况进行识别和培育。

（一）关键资源

关键资源包括以下几个方面。

人力资源：拥有专业知识、技能和经验的员工。

财务资源：资金、资产等。

实物资源：厂房、设备、原材料等。

技术资源：专利、专有技术、研发能力等。

品牌和声誉：具有良好的品牌形象和声誉可以吸引客户，增加市场竞争力。

渠道资源：拥有横向的合作伙伴关系，纵向的上下游供应商和线上线下营销渠道。

（二）关键能力

关键能力包括以下几个方面。

创新能力：能够开发新产品、新技术或新商业模式。

运营管理能力：高效的生产能力、供应链管理能力和质量控制能力。

市场营销能力：了解市场需求，善于应用新科技、新方法有效推广和销售产品或服务的能力。

生产能力：应用新技术制造生产符合用户需求、品质优秀的产品的能力。

供应链管理能力：保证上游原材料供应价格合理、供应稳定及时、质量可靠的能力。

客户关系管理能力：建立和维护良好的客户关系，提高客户满意度和忠诚度。

战略规划能力：以数据为导向制定和执行明智的战略决策，适应市场变化和竞争环境。

四、案例分析：Netflix 通过商业模式创新颠覆传统媒体行业

Netflix 是一个会员订阅制的流媒体播放平台，成立于 1997 年，总部位于美国加利福尼亚州。Netflix 最早是一家在线 DVD 及蓝光光盘租赁提供商，用户可以通过免费快递租赁及归还光盘。2007 年，Netflix 推出了订阅制的流媒体服务。随着互联网的普及和发展，Netflix 逐渐成为全球最受欢迎的流媒体平台之一。

Netflix 提供了大量的电影、电视剧和纪录片等内容，包括自制和授权作品。会员可以在平台上观看这些影视片，并根据自己的喜好进行个性化推荐。此外，Netflix 还提供了移动应用程序以方便会员随时观看。

Netflix 的核心竞争力主要有以下几个方面。

第一，创新的商业模式。Netflix 率先推出了在线流媒体订阅服务，打破了传统的有线电视和实体光盘租赁模式。这种商业模式为用户提供了更大的选择自由度和灵活性。Netflix 主要通过会员订阅费获得收入，会员可以选择按月度、季度和年度缴纳订阅费。此外，Netflix 还通过广告和合作伙伴关系获得额外的收入。会员订阅费和广告收入相结合的商业模式，也为公司带来了稳定的收入，实现了可持续发展。

第二，高质量的原创内容。Netflix 在全球范围内拥有庞大的用户基础和较高的用户忠诚度，这与其优质的内容和良好的用户体验密不可分。公司投入大量资金制作原创电视剧、电影和纪录片，如《纸牌屋》《怪奇物语》《鱿鱼游戏》等，这些作品在全球范围内获得了广泛的好评和关注。Netflix 还通过合

作制作、收购、授权等方式，获得大量高质量影视产品，不但满足了不同用户的需求，也为公司树立了良好的品牌形象。

第三，个性化推荐系统。Netflix 利用大数据和人工智能技术，为用户提供个性化的内容推荐。这种推荐系统能够根据用户的观看历史和喜好，精准地推荐适合用户的内容，提高了用户的满意度和忠诚度。

第四，全球扩张战略。Netflix 积极拓展全球市场，目前业务已经覆盖了190 多个国家和地区。通过本地化内容制作和本地化服务，Netflix 成功地吸引了全球用户，并在国际市场上取得了显著的成绩。

第五，技术创新。Netflix 一直致力于提高其流媒体技术的质量和性能。一方面，公司使用了大量的数据中心和服务器来支持其流媒体服务，并不断改进算法和推荐系统。另一方面，采用先进的视频压缩技术，使得用户可以在不同的设备上流畅地观看高清视频；推出"离线观看"功能，方便用户在没有网络的情况下观看已下载的内容，以更好地满足会员的需求，提高视频播放质量和用户体验。

如今，Netflix 已在全球范围内拥有庞大的用户群体。作为一家全球领先的流媒体平台，Netflix 的成功不仅改变了人们观看电影和电视剧的方式，也对整个娱乐产业产生了颠覆性的影响。

Netflix 内容分发模式，让用户可以随时随地观看内容，也有更加自由的选择，打破了传统媒体的时间和空间限制。Netflix 的便捷性和个性化推荐系统改变了观众的消费习惯，人们越来越倾向于在流媒体平台上观看娱乐内容。这种模式促使观众更加注重内容的质量和个性化需求，推动了内容制作的创新和提升。

Netflix 的用户只需支付固定的会员费，即可无限量观看平台上的所有内容。这种模式与传统的有线电视和光盘租赁行业形成鲜明对比，后者通常按次收费或收取高额的订阅费用。Netflix 的会员订阅模式改变了传统媒体依靠广告收入的商业模式，使其更加关注用户体验和内容质量。数量众多的高质量原创内容不仅吸引了大量用户，还为公司带来了更高的利润，形成了良性循环，实现了可持续的商业模式。

Netflix 大量投资自制内容，吸引了众多用户，这对传统电视和电影行业的内容制作构成了巨大的挑战，促使传统媒体行业开始调整策略，加大对在线内容的投入。同时，Netflix 对原创内容的大量投资推动了内容制作的创新，它鼓励创作者更加大胆地尝试新的题材和叙事方式，也提高了整个行业的内容水平，推动了整个娱乐产业的发展。

Netflix 利用大数据和人工智能技术，分析了解用户喜好，为用户提供个性化的内容推荐。该系统能够根据用户的观看历史和喜好，精准地推荐适合用户的内容，提高了用户的满意度和忠诚度，这是传统媒体难以做到的。

Netflix 不断投入技术研发，其在技术方面的投入和创新为整个行业树立了榜样，其他公司也在努力提升技术水平，改善内容传输和用户体验。

Netflix 的全球化战略使其能够接触到更广泛的用户群体，与传统媒体的地域限制形成鲜明对比。这些创新使 Netflix 在媒体行业中脱颖而出，成为全球最具影响力的流媒体平台之一。同时，也促使传统媒体行业加快创新步伐，以应对市场竞争带来的挑战。

Netflix 的成功证明了订阅模式在娱乐产业的可行性，促使其他流媒体平台和传统媒体纷纷效仿，也促进了娱乐产业内的合作和整合，使制作公司、发行商和技术公司之间的合作更加紧密。如今，传统媒体和娱乐业的竞争格局发生了改变，商业模式也从传统的广告收入为主转向订阅收入和广告收入相结合的多元化模式。

第七章　商业模式设计之画布法

商业模式的设计方法并无定规，企业可以根据客户需求和痛点，以客户为中心设计，也可以围绕企业的核心竞争力、价值链、企业可获得的资源等方面设计，还可以借鉴他人成功的商业模式，并在此基础上进行创新和改进，但这些方法都有一定的片面性。在数字化经济时代，当前最主流、应用最广泛的商业模式设计方法是画布法。

一、画布法的基本概念

在设计领域，画布法（Canvas Method）是一种用于创建和可视化产品、服务或业务模型的工具。它通常以图表的形式呈现，包括不同的模块和元素，以帮助团队理解和沟通产品或服务的关键方面。

所谓的"画布"是一种用于设计和描述商业模式的工具，它将商业模式的关键元素以可视化的方式展示在一个画布上。画布通常由九个模块组成，包括关键伙伴、关键活动、关键资源、价值主张、客户关系、渠道通路、客户细分、成本结构和收入来源（图7-1）。通过填写这些模块，企业可以清晰地描绘出其商业模式的各个方面，包括目标客户、提供的价值、如何传递价值、如何赢利等，它适用于各种行业和领域。

商业模式设计画布涵盖了商业模式的各个方面，能够全面、系统地展现商业模式的各个要素，将复杂的商业理念以简洁明了的方式呈现出来，并以直观的图表形式展示，不但为企业提供了清晰的商业模式设计结构和框架，使复杂的商业逻辑清晰可见，而且可以根据不同的需求和情况随时进行调整和完善。画布法可以很好地帮助企业构思新的商业模式，理解和设计其商业模式的所有关键因素，避免遗漏重要部分。

实践证明，画布法能够促进团队成员对商业模式的共同理解，通过理解、沟通、分析现有商业模式与竞争对手的差异，找到竞争优势和改进方向，思考新的商业模式和可能的创新点，发现潜在的机会和差异化，探索新的市场机会和盈利模式，并制定相应的策略，帮助企业将想法转化为实际的商业行动。

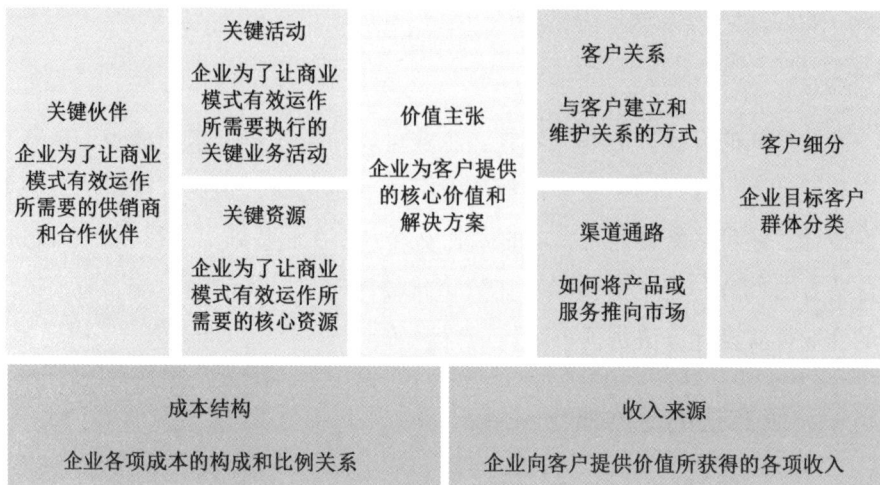

关键活动		客户关系	
关键伙伴	企业为了让商业模式有效运作所需要执行的关键业务活动	价值主张	与客户建立和维护关系的方式	客户细分
企业为了让商业模式有效运作所需要的供销商和合作伙伴	关键资源	企业为客户提供的核心价值和解决方案	渠道通路	企业目标客户群体分类
	企业为了让商业模式有效运作所需要的核心资源		如何将产品或服务推向市场	
成本结构		收入来源	
企业各项成本的构成和比例关系		企业向客户提供价值所获得的各项收入	

图 7-1   商业模式画布分析

二、画布法的运用

用画布法设计商业模式，就是确定画布中 9 个模块内容的过程。

第一步，明确目标。确定商业模式的目标，如增加收入、提高市场份额或创造新的商业机会。

第二步，收集信息。收集有关市场、客户、竞争对手和行业趋势的信息，以便更好地了解商业环境。

第三步，对客户进行细分。明确你的目标客户是谁，并将客户细分为不同的群体，根据每个客户群体的特征、需求和购买行为，分析他们的需求和痛点。

第四步，定义价值主张。说明为客户提供的产品或服务的价值，以及如何满足他们的需求，确定企业为客户提供的核心价值和解决方案。

第五步，确定渠道。描述如何将产品或服务推向市场，产品或服务可以通过哪些营销渠道和销售渠道送达客户，如直接销售、在线销售、合作伙伴等。

第六步，建立客户关系。阐明与客户建立和维护关系的方式，确定你与客户之间的互动方式，从建立良好的客户关系，如提供优质的客户服务、定期沟通等。

第七步，确定收入来源。确定你的商业模式将如何产生收入，如产品销售、订阅费用、广告收入、VIP 会员制模式等。

第八步，确定核心资源。确定企业所需的关键资源和能力，如技术、人力资源、资金等，确定企业所需的关键资源和能力。

第九步，定义关键活动。确定企业的核心业务活动和流程，如产品开发、市场营销、销售等。

第十步，建立重要合作伙伴关系。描述与企业合作的关键伙伴和合作关系，如供应商、合作伙伴、经销商等。

第十一步，分析成本结构。展示企业的主要成本构成，如生产成本、运营成本、营销成本等，以便有效控制成本。

第十二步，测试商业模式的可行性，并根据反馈进行优化。

三、画布法中几个关键要素的设计方法

(一) 价值主张设计

制定一个明确和差异化的价值主张需要考虑以下几个步骤：

1. 了解目标客户

价值主张设计的一个关键步骤是了解目标客户。只有深入了解目标客户的需求、期望、行为和偏好，才能设计出能够吸引他们的价值主张。

通过市场调研、客户访谈、数据分析等方式，可以收集有关目标客户的信息。这些信息可以帮助企业了解客户的痛点、需求和期望，以及他们在选择产品或服务时所考虑的因素。

在了解目标客户的基础上，企业可以设计出能够满足客户需求的价值主张。价值主张应该清晰地传达产品或服务的核心价值，并突出与竞争对手的差异化优势。同时，价值主张还应该考虑客户的成本和收益，以确保客户认为该产品或服务具有足够的价值。

例如，元气森林的目标客户主要是年轻人，特别是 18~35 岁的年龄段。这个群体注重健康、时尚、个性化的生活方式，对新鲜、有趣、有品质的产品有较高的需求和追求。元气森林以"0糖0脂0卡"为主要卖点，满足了年轻人对于健康饮品的需求。同时，元气森林还通过多种渠道进行品牌推广，如与明星合作、在社交媒体上进行营销等，获得了年轻人的关注和喜爱。此外，元气森林还推出了多种口味和包装形式的产品，以满足不同年轻人的个性化需求。例如，元气森林推出了限定版包装、季节限定口味等，引起了年轻人的购买欲望。

可口可乐的目标客户群体非常广泛，所以他们主打美味和畅爽这两个概念。然而，可口可乐并没有放弃对年轻消费者的争夺，设置了专门的广告宣传和市场营销活动，强调其品牌的年轻、活力、时尚等特点。此外，可口可乐还与时俱进，针对不同的市场和消费者群体推出了不同口味和包装的产品，以满足不同消费者的需求和偏好。例如，可口可乐在中国推出了"零度可口可乐"和"可口可乐纤维+"等产品，以满足消费者对于健康和低糖的需求。

2. 分析竞争对手

企业需要分析竞争对手的产品或服务特点、优势和劣势，以便找到差异化，从而获得商业机会。

通过分析竞争对手，可以了解市场上已有的产品或服务的特点、优势和劣势，以及竞争对手的价值主张，以便帮助企业发现市场机会和差异化优势，从而设计出更有吸引力的价值主张。例如，竞争对手的产品或服务存在某些缺陷或不足，企业可以通过提供更好的解决方案来吸引客户。

最初，京东针对淘宝货品质量参差不齐、消费者体验度不高的缺点，搭建了以自营为主的电子商务平台，并花费巨资自建物流仓储体系，突出了"好"与"快"的服务体验，一跃成为国内第二大电子商务平台。拼多多一方面推出极致低价，另一方面针对淘宝、京东没有充分利用互联网社交功能的缺点，搭建了社交电子商务平台，利用社交网络来推广商品和团购活动，用户通过分享团购活动链接邀请朋友参加团购，从而获得更多的优惠。拼多多也因此获得成功。

在分析竞争对手时，需要考虑以下因素。

(1)产品或服务特点：了解竞争对手的产品或服务的特点、功能、质量、价格等方面的信息。

（2）品牌形象：了解竞争对手的品牌形象、品牌价值、品牌知名度等方面的信息。

（3）市场份额：了解竞争对手在市场上的份额和地位。

（4）客户群体：了解竞争对手的客户群体、客户需求和偏好。

（5）营销策略：了解竞争对手的营销策略、广告宣传、促销活动等方面的信息。

3. 确定核心价值

核心价值是产品或服务的独特卖点，是吸引客户的关键因素。核心价值应该是独特的、有吸引力的，并且能够满足目标客户的需求。

在确定核心价值时，需要考虑客户的需求、期望、行为和偏好，以及竞争对手的产品或服务的特点。通过了解客户和竞争对手，可以确定产品或服务的差异化优势，并将其转化为核心价值。

核心价值应该是简洁明了、易于理解和传达的，能够引起客户的共鸣和兴趣。同时，核心价值还应该与企业的使命、愿景和价值观相一致，能够为企业带来长期的商业价值。一旦确定了核心价值，企业可以将其贯穿产品或服务的设计、营销和销售过程中。

4. 表达价值主张

价值主张是企业为客户提供的独特价值，是产品或服务的核心卖点。企业需要用简洁明了、易于理解的语言表达自己的价值主张，突出产品或服务的独特之处和优势。价值主张应该突出企业的核心价值和差异化优势，同时易于理解和记忆，能够引起客户的共鸣和兴趣，让客户清楚地知道产品或服务能够为他们带来什么价值。

以下是一些著名企业的价值主张。

阿里巴巴集团：让天下没有难做的生意。

京东：多、快、好、省。

腾讯：用户为本，科技向善。

百度：百度一下，你就知道。

华为：构建万物互联的智能世界。

小米：真诚、热爱。

5. 测试和优化

企业需要通过客户调查、产品试用、竞争分析等方法不断测试和优化自己的价值主张，以确保它能够吸引目标客户并在市场上取得成功。通过测试和优化，可以不断改进和优化价值主张，以提高客户的满意度和忠诚度。同时，测试和优化也可以帮助企业了解市场情况和客户需求，为企业的战略决策提供参考。

(二)客户细分和渠道选择设计

1. 客户细分设计

客户细分就是将客户按照一定的标准或特征进行分类，将一个大的客户群体划分为若干个较小的、具有相似特征的子群体。企业可以根据客户的年龄、性别、收入、地域、购买行为、兴趣爱好等因素进行细分。

客户细分在数字化经济的商业模式设计中非常重要。通过细分客户，可以更好地了解不同客户群体的需求和偏好，从而针对不同的客户群体设计不同的产品和服务，以满足客户的个性化需求。针对不同的客户细分群体，企业可以制定更有针对性的营销策略，提高营销效果和客户满意度。

通过客户细分，企业可以将客户分为高价值客户、中价值客户和低价值客户等不同的群体。通过对不同客户群体的价值和贡献的了解，企业可以更合理地分配资源，将重点放在最有价值的客户身上，提高资源利用效率。通过细分客户，企业还可以发现市场空白和机会，有针对性地推出特色产品或服务，从而在竞争中脱颖而出。

在数字化经济背景下，企业有能力为每个客户提供个性化的服务。客户细分可以帮助企业更好地了解客户，实现个性化服务，提高客户忠诚度。

手机厂商是客户细分的典型代表。基本上所有的手机厂商都会推出不同档次、不同卖点的多款手机供消费者选择。例如，针对不同消费能力的消费者，在手机产品中既有1 000元以下的老人机、学生机，又有2 000~3 000元的中档机型，还有4 000元以上的旗舰机型；在中档机型和旗舰机型中，又会根据消费者的兴趣爱好，推出不同卖点的手机，有的机型屏幕显示色彩靓丽，有的机型摄影能力高超，有的机型听音乐一流，有的机型色彩缤纷、外形可爱。这些不同类型产品的生产推广，都是建立在详尽的客户细分上的。

客户一般可以从以下几个角度进行细分。

（1）人口统计学角度细分

根据客户的年龄、性别、收入、职业、受教育程度等人口统计学特征，可将消费者细分为儿童、青少年、成年人、中老年人、男性、女性、高收入群体、中等收入群体、低收入群体等。

（2）地理位置细分

按照客户所在的地区、城市、国家等地理位置，可将消费者细分为居住在国内和国外、南方和北方、城市和农村、发达地区和欠发达地区等不同的群体。

（3）消费特征细分

根据不同的消费特征对客户进行细分。例如，根据客户的购买频率将其分为高频、中频、低频购买客户；根据客户的购买金额将其分为高价值客户、中等价值客户、低价值客户；根据客户的购买时间将其分为季节性购买客户、定期购买客户、随时购买客户；根据客户的购买渠道将其分为线上购买客户、线下购买客户、移动端购买客户；根据客户购买产品的类型将其分为单一产品购买客户、多产品购买客户、特定产品购买客户等。

（4）兴趣爱好细分

根据客户的兴趣爱好进行细分，可将消费者分为运动、音乐、美食、电影等爱好者。此外，还可以进一步细分，例如：将运动爱好者分为篮球爱好者、足球爱好者、跑步爱好者等；将音乐爱好者分为流行音乐爱好者、古典音乐爱好者、摇滚乐爱好者等；将电影爱好者分为动作片爱好者、喜剧片爱好者、爱情片爱好者等；将旅游爱好者分为城市旅游爱好者、自然风光旅游爱好者、文化旅游爱好者等；将美食爱好者分为中餐爱好者、西餐爱好者、日本料理爱好者等。

（5）需求细分

从产品需求的角度可将客户分为功能需求、质量需求、价格需求等群体；从服务需求的角度可将客户分为快速响应需求、个性化服务需求、售后服务需求等群体；从购买决策需求的角度可将客户分为自主决策需求、参考他人意见需求、专业建议需求等群体；从品牌需求的角度可将客户分为知名品牌需求、小众品牌需求、新兴品牌需求等群体；从体验需求的角度可将客户分为便捷体验需求、舒适体验需求、豪华体验需求等群体。

（6）价值贡献细分

企业可从价值贡献的角度将客户分为高价值贡献客户、中等价值贡献客户、低价值贡献客户等群体；从推荐价值贡献的角度将客户分为高推荐价值客户、中等推荐价值客户、低推荐价值客户等群体；从客户忠诚度的角度将其分为高忠诚度客户、中等忠诚度客户、低忠诚度客户等群体。

（7）购买周期细分

将客户分为不同购买周期，例如：将最近购买产品或服务的客户归为新客户；将已经购买过产品或服务，并且正在逐渐增加购买量或购买频率的客户归为成长型客户；将已经购买产品或服务，并且购买量或购买频率相对稳定的客户细分为稳定型客户；将已经购买产品或服务一段时间，但是购买量或购买频率正在逐渐减少的客户归为衰退型客户；将已经停止购买产品或服务，或者对产品或服务已经完全失去兴趣或不满意的客户归为流失型客户。

2. 渠道选择设计

渠道是商业模式的重要组成部分，是企业营销成败的决定性因素之一。

数字化经济时代，渠道的种类比传统经济时代更多，所以在市场营销中，分销渠道的选择非常重要，是选择全渠道，还是选择单渠道；是选择线上或线下渠道，还是选择线上、线下渠道相结合，都是企业需要谨慎决策的问题。

选择合适的分销渠道可以帮助企业更好地触达目标客户，可以让产品更容易到达目标客户手中，增加销售机会。不同的渠道覆盖不同的客户群体，例如：线上渠道可以覆盖更广泛的客户群体，而线下渠道可以更加精准地针对特定地区或特定客户群体。

选择合适的分销渠道还可以提高销售效率，降低营销成本。例如，选择与产品相匹配的零售商或经销商，可以让产品更快、更精准地进入市场，提高销售速度和效率，降低营销成本。

选择合适的分销渠道还可以提高品牌的曝光率，增加品牌知名度。选择在方便的地点或线上平台销售产品，还可以提高客户购买的便利性和舒适度，增强客户体验感。

在确定了目标客户群体与渠道选择策略之后，就可以进行渠道选择设计了。选择市场渠道，最重要的就是要根据设计好的选择策略和原则，对已有的选择目标进行综合评估。

评估的内容主要有以下几个方面：一是要确保选择的渠道与品牌形象、价值观相符合，并且是可以长期持续合作的；二是要评估渠道能接触到的目标客户的数量，以及该渠道的流量、转化率、销售额等指标是否符合预期；三是要评估用户在该渠道上的体验，是否感到方便、易用、愉悦，这关系到该渠道是否能够持续带来价值；四是要掌握竞争对手现在活跃在哪些渠道上，以及他们的表现如何。

在渠道的选择上，企业不应墨守成规，应大胆创新，以求在竞争中脱颖而出。例如，现在新能源汽车品牌，其主流渠道不再是4S店，而是将展厅设在繁华的商场里。城市地标性的商场本身就是消费者购物的地方，不但人流密集，可以提高新能源汽车的品牌知名度和曝光率，吸引更多的潜在客户，而且商场舒适的购物环境和便捷的服务，可以极大提高客户购买新能源汽车的体验。从商场的角度来说，现在线下商业不景气，商场也急需这些大品牌来撑场面、带人气，所以商场通常会为品牌提供一定的营销支持，如减少租金、提供免费场地、助力广告宣传等。反过来讲，这也可以降低新能源汽车企业的营销成本。这种渠道选择上的创新达成了双方共赢的效果。

（三）收入来源和成本结构设计

1. 收入来源设计

在商业模式中，收入来源是指企业通过销售产品或提供服务获得的经济利益。收入来源可以来自多个方面，如产品销售收入、服务费用、订阅费用、广告收入、授权费用等。

收入来源是企业维持运营和赢利的重要因素之一。企业需要根据自身的商业模式和市场需求，选择合适的收入来源，并制定相应的营销策略和定价策略，以实现赢利和持续发展。

营销收入是企业生命力的源泉，其重要性无论怎么说都不过分。对于一个企业来说，收入的来源当然是越多越好，但收入来源并非无源之水、无本之木，其稳定性和可持续性是非常重要的，是需要进行设计的。

设计收入来源时，需要结合市场需求、竞争状况和目标客户群体的特点进行综合分析。设计商业模式的收入来源需要综合考虑核心竞争力、市场需求、客户群体、产品或服务定价、销售渠道、订阅或会员制度、广告和合作、数据分析、增值服务、许可和授权、共享经济、客户终身价值、竞争情况、收入模式创新、成本结构和赢利能力等多个方面，确保商业模式的可持续性。

常见的收入来源包括产品销售收入、服务费用、订阅费用、广告收入、授权费用、合作伙伴分成、会员费用、捐赠和赞助等。这些收入来源并不是互相排斥的，企业可以同时采用多种收入来源来实现赢利和持续发展。

根据收入来源，制定相应的定价策略。定价策略需要考虑企业的成本、市场需求、竞争情况等因素，以确保企业能够获得足够的利润。其后是选择合适的销售渠道，包括线上渠道、线下渠道、经销商渠道等，将产品或服务推向市场。

商业模式中的收入来源需要不断创新和优化，以适应市场变化和客户需求。企业需要不断探索新的收入来源和商业模式，以保持竞争力。

2. 成本结构设计

成本结构是指企业在生产和销售产品，或者提供服务的过程中所发生的各项成本的构成和比例关系。成本结构包括固定成本和变动成本两部分。固定成本是指不随产量或销售量的变化而变化的成本，如房租、设备折旧、管理人员工资等。变动成本是指随产量或销售量的变化而变化的成本，如原材料、人员工资、销售佣金等。

成本结构对企业的赢利能力有重要影响，所以了解成本结构对于企业决策非常重要，它可以帮助企业确定产品的定价策略、评估赢利能力、控制成本及做出投资决策等。如果企业的固定成本很高，那么当销售量下降时，企业的利润将会受到很大的影响；相反，如果企业的变动成本很高，那么当销售量增加时，企业的利润也会受到很大的影响。

成本结构对企业的定价策略有重要影响。如果企业的固定成本很高，那么企业可能需要提高产品或服务的价格以覆盖成本；相反，如果企业的变动成本很高，那么企业可能需要降低产品或服务的价格以吸引更多的客户。

成本结构对企业的生产计划有重要影响。如果企业的固定成本很高，那么企业可能需要增加产量以降低单位成本；相反，如果企业的变动成本很高，那么企业可能需要减少产量以降低单位成本。

在设计成本结构时，企业需要明确自己的核心业务、产品或服务，以便确定哪些成本与核心业务直接相关，哪些成本与核心业务间接相关。在此基础上，企业需要分析各项成本与产量或销售量之间的关系，以便确定哪些成本是固定成本，哪些成本是变动成本。

在直接成本的控制方面，企业可以通过优化生产流程、采用先进的生产技术、提高生产效率、减少浪费等方式实现。在间接成本的控制方面，如管理费用、销售费用等，企业可以通过优化管理流程、降低人力成本、减少不必要的开支等方式实现。

此外，企业需要选择合适的供应商，以确保原材料和零部件质量和价格的合理，可以通过与供应商建立长期合作关系、采用招标等方式实现。

成本最终会反映在价格上，企业还需要制定合理的价格，以确保产品或服务的价格能够覆盖成本并获得合理的利润，可以通过市场调研、竞争分析等方式实现。

四、案例分析：谷歌公司的广告商业模式

谷歌公司成立于1998年，是一家位于美国的跨国科技企业。谷歌公司的主要业务包括互联网搜索、云计算、广告技术等，同时也开发并提供大量基于互联网的产品与服务，其主要利润来自广告服务。2022年，谷歌公司的营销总收入高达2 828亿美元。

谷歌公司在全球范围内拥有大量的员工和合作伙伴，其业务已经覆盖了全球200多个国家和地区。在过去的几年里，谷歌公司一直在不断地拓展其业务领域，并在人工智能、云计算、智能家居等领域取得了一定的成绩。

除了在搜索引擎领域的地位，谷歌公司还在其他领域进行了大量的投资和研发，如谷歌地图、谷歌地球、谷歌学术等。这些产品和服务在全球范围内拥有大量的用户，为人们的生活和工作带来了极大的便利。

谷歌公司的核心价值是"完美的搜索引擎，不作恶"（The perfect search engine, do not be evil），意思是谷歌致力于为用户提供最好的搜索体验，不断地改进搜索算法，以提高搜索结果的准确性和速度，并为用户提供更好的服务。

谷歌公司的商业模式主要基于广告。谷歌是全球最大的搜索引擎之一，每天处理数以亿计的搜索请求，通过提供高质量的搜索结果吸引用户。当用

户在谷歌上进行搜索时，谷歌会展示与搜索相关的广告，谷歌的广告收费通常基于点击量或展示次数。

谷歌公司的广告平台允许企业和广告主在谷歌的搜索结果、网站和移动应用上投放广告。广告主可以根据关键词、目标受众等因素在谷歌搜索结果页面上通过付费定向投放展示广告，从而提高广告的转化效果。每次用户点击广告，广告主都会向谷歌公司支付一定的费用，但只有在用户点击广告或广告被展示一定次数后才需要支付费用。谷歌公司通过对用户搜索行为和数据的分析，优化广告投放策略，提高广告的相关性和效果，有助于广告主获得更好的投资回报。

除了搜索引擎，谷歌公司还运营着一个广告网络，将广告展示在谷歌公司合作伙伴的网站上。这些合作伙伴包括新闻网站、博客、社交媒体平台等。广告主可以通过谷歌公司的广告网络在这些网站上展示广告，根据广告展示次数或点击次数向谷歌公司支付费用。

谷歌公司还提供了一系列广告技术工具，帮助广告主更好地管理和优化广告投放。这些工具包括 GoogleAdWords、Google AdSense、Google Analytics 等。广告主可以使用这些工具来设置广告预算、选择广告展示位置、跟踪广告效果等。

随着移动设备的普及，谷歌公司在移动广告领域也取得了很大的成功。谷歌公司的移动广告包括搜索广告、展示广告和应用内广告等形式。广告主可以通过谷歌的移动广告平台在移动设备上展示广告。

除了搜索和广告，谷歌公司还提供其他一系列产品和服务，如云计算服务、谷歌地图、谷歌地球、YouTube 等，这些产品和服务也为谷歌带来了收入。

谷歌公司的广告商业模式除了带来了巨额的收入以外，还为数字广告行业树立了标杆，推动了整个行业的发展；谷歌公司的广告技术和工具也为其他广告平台提供了借鉴和参考，为互联网行业提供了重要的收入来源，支持了行业的发展。同时，谷歌公司也通过广告商业模式的创新和优化，不断提高广告效果和用户体验，进一步推动了互联网行业的进步。

第八章　数字化经济的组织架构和管理

　　一个好的组织架构就像是数字化经济的基石，为企业或组织的成功奠定了坚实的基础。数字化经济的发展非常迅速，需要通过不断创新来保持竞争力，强调快速决策、执行，以及跨部门、跨领域的合作。良好的组织架构可以提高效率，让每个人知道自己的职责和角色，避免重复工作和混乱。同时，一个有效的组织架构可以打破部门之间的壁垒，促进团队之间的沟通和协作。一个具有弹性的组织架构可以让企业或组织更容易调整策略和资源，以应对新的挑战和机遇。

　　良好的组织需要良好的管理。在数字化经济中，明确的目标和战略是成功的关键。管理可以帮助管理者规划和制定策略，使管理者通过分析市场趋势、评估风险，制定出适应数字化环境的发展计划。同时，管理还能确保资源的有效利用。在数字化经济中，技术和数据是非常重要的资源。管理者可以合理分配资源，投资于合适的技术和项目，提高资源的利用效率。此外，良好的管理在企业推动数字化创新、业务转型、应对风险、保障企业的安全稳定发展、吸引优秀人才、促进内部和外部合作等方面都发挥着至关重要的作用。

一、数字化经济组织架构的种类

（一）扁平化组织架构

　　扁平化组织架构是一种通过减少管理层次、压缩职能机构、裁减人员，建立起来的一种紧凑而富有弹性的新型团体组织。小米、字节跳动等公司都是采用扁平化组织架构的代表。小米公司的组织构架只有创始人、部门领导和员工三个层级。

　　扁平化组织架构的优势是极简的层级可以使信息传递迅速，失真和延误的可能性降低，从而提高了决策效率，能够更快速地适应市场变化和客户需求。在扁平化组织中，员工有更多的自主权，更能够激发其积极性和创造力。

由于在扁平化组织架构中，上级需要直接管理更多的下属，所以对领导者的能力要求很高，如果领导者的监督和指导不够细致，就有可能导致部门或员工之间的协作出现问题。

（二）项目型组织架构

项目型组织架构是一种以项目为中心来组织资源和管理活动的组织结构。项目型组织构架的优点是能够灵活适应数字化项目的需求，快速整合资源，集中精力完成特定项目目标。

当企业同时实施多个项目时，项目型组织架构可能会存在不同项目之间竞争资源的情况。如果为某个项目专门配置资源，成本又会相对较高，且项目结束后会有人员安置的问题，处理不好会导致人员闲置或流失。所以，只有实施关键项目时，才适合采用这种组织架构。

（三）矩阵型组织架构

矩阵型组织架构是一种将职能部门与项目团队相结合的组织形式。在矩阵型组织架构中，员工既向职能部门的负责人汇报工作，也向项目团队的负责人汇报工作。这种组织架构打破了传统的单一指挥链，形成了纵横交错的管理模式。

矩阵型组织架构能够提高资源的利用效率。通过在不同项目之间灵活调配资源，能够最大限度地提高资源利用率。例如，某大型建筑公司在多个项目同时进行时，可以根据项目需求，将设计、施工、采购等职能部门的人员灵活调配到不同项目中，避免资源闲置。

矩阵型组织架构还可以使企业的跨部门协作得到加强。例如，在研发新产品时，研发、市场、生产等部门的人员可以在同一个项目团队中紧密合作，共同推动项目进展，员工也能在不同项目和职能领域中得到锻炼。

由于矩阵型组织架构存在双重领导，决策过程可能会变得冗长和复杂，需要协调各方意见，增加了管理难度，需要管理者具备较高的协调和沟通能力，以平衡各方面的利益和关系。对于员工而言，由于需要同时应对来自不同方面的工作要求，容易导致工作压力过大。

（四）平台型组织架构

平台型组织架构是一种以平台为核心，连接多方参与者，共同创造价值的组织形式。淘宝、拼多多、美团等企业采取的就是这种架构。

平台型组织架构的优势是开放性，能够广泛吸纳外部资源和合作伙伴，促进资源整合和创新，平台也可以为其赋能，提供资源和支持，提升其创造力。平台型组织架构的劣势是需要协调和管理众多参与者，管控各类风险，解决参与各方的利益分配时可能产生的矛盾和冲突，因此，这种架构的管理难度较大。

（五）网络型组织架构

网络型组织架构是一种由多个独立的组织或个体通过信息技术和契约关系连接而成的动态的合作结构。

这种组织架构具有明显的灵活性和适应性，能够快速响应市场变化，可以根据需求灵活调整合作关系，通过合作降低成本、提高效率、共享资源。例如，耐克公司将生产环节外包给全球各地的供应商，形成了网络型组织架构，使其能够灵活应对市场需求的波动。

此外，不同组织和个体的合作能够激发创新思维。例如，一些科技创业公司通过与科研机构、投资机构等建立网络型合作，提升了企业的创新能力。

网络型组织架构的缺点是对合作伙伴的依赖度高，可能存在一定的信任风险和利益冲突，管控协调的难度较大。

不同的组织架构适用于不同的企业，在设计时需要考虑企业的规模、业务特点、战略目标等因素。同时，随着数字化经济的不断发展，组织架构也需要不断优化和调整，以适应市场的变化和企业的发展需求。

二、数字化经济组织架构的设计原则

（一）灵活性和敏捷性原则

数字化经济的特点是快速变化和不确定性，因此组织架构应具备灵活性和敏捷性，能够快速适应市场变化和业务需求。可以根据企业的实际情况，有针对性地采取以下措施来提高企业的灵活性和敏捷性。

1. 采用模块化结构

将组织拆分为相对独立的模块，每个模块可以根据业务需求进行灵活调整和组合。这种结构有助于快速响应市场变化和业务需求。例如，科技公司可能将其业务划分为软件开发、产品设计、市场营销和客户支持等模块，每个模块都有自己的团队和负责人，彼此之间相对独立，但又通过协作实现整体目标；汽车制造业企业，可以按照产品线或生产流程划分为发动机模块、车身模块和电子系统模块等，以提高生产效率和质量控制；银行或保险公司等金融机构可以将业务划分为零售业务、企业金融、风险管理和技术支持等模块，以便更好地满足不同客户群体的需求，并提高风险管理能力。

建立跨职能团队可以更好地整合不同领域的专业知识和资源，提高协作效率。这种团队结构有助于快速解决问题和推动创新。

2. 采用扁平化结构

扁平化结构通过减少组织层级以提高信息流通速度和决策效率，使组织更加敏捷。同时，扁平化结构也有助于员工更好地发挥创造力和自主性。例如，Meta 公司采用了类似于谷歌公司的扁平化管理方式，鼓励员工自由交流和合作，公司没有传统的层级制度，员工可以直接向高层领导汇报工作；微软公司在 2014 年进行了组织结构调整，减少了管理层级，提高了决策效率，公司鼓励员工跨部门合作，以推动创新和业务发展；海尔集团采用了"人单合一"的管理模式，将员工和用户需求直接联系起来，减少了中间管理层级，使决策更加贴近市场和用户。此外，字节跳动、小米、阿里巴巴、腾讯等互联网科技巨头公司，都采用了扁平化组织架构，减少了层级，鼓励员工自主决策创新和快速迭代。

3. 设立敏捷项目管理办公室

敏捷项目管理办公室可以负责协调和监督各个项目团队的工作，确保项目目标的顺利实现。此外，敏捷项目管理办公室还可以推动组织内部的敏捷实践和文化建设，使员工更好地适应数字化经济的快节奏和不确定性。

4. 引入灵活的工作安排

数字化经济的发展使得远程办公和弹性工作成为可能。组织可以采用灵活的工作安排，以提高员工的工作效率和生活质量。在遇有突发情况发生时，远程办公和弹性工作发挥了重要作用。国内外的一些科技公司、金融公司、咨询服务公司、教育公司等尝试采用远程办公和弹性工作，不仅具有较高的灵活性，还保证了业务的连续性。

5. 利用云计算和数字化工具

云计算和数字化工具可以收集和分析大量数据，帮助组织做出更明智的决策。同时，云端协作工具和沟通平台可以打破地域和时间限制，员工能够随时随地访问所需的信息和资源，提高团队协作效率，加快项目进展。数字化工具还可以实现业务流程的自动化，减少人工干预，提高效率和响应速度。

(二)跨职能团队原则

数字化经济涉及多个领域的专业知识，如技术、营销、数据分析等。通过跨职能团队，不同领域的专业人士可以共同合作，迅速汇集整合不同领域的专业知识和资源，更好地解决问题，加速推动创新。

传统的组织架构往往存在部门壁垒，导致信息流通不畅和决策缓慢。跨职能团队可以打破这些壁垒，促进不同部门之间的协作和沟通。团队成员来自不同的职能领域，可以更好地理解和沟通彼此的需求与面临的挑战，从而提高协作效率和沟通效果，更快地响应市场变化和客户需求。

通过参与跨职能团队，员工可以获得更广泛的知识和经验，培养综合能力，有助于提高员工的职业发展机会，并为组织的发展提供更多的人才储备。

因此，在数字化经济组织架构的设计中，遵循跨职能团队原则可以提高组织的灵活性、创新能力和协作效率，更好地适应数字化经济的发展需求。

(三)数据驱动决策原则

在数字化经济中，数据是一种重要的资产。数字化经济的特点是快速变化和高度竞争。通过实时监测和分析数据，组织可以及时发现市场变化和趋势，识别业务流程中的瓶颈和问题，通过快速调整策略，持续优化改进流程，以保持竞争优势。通过收集、分析和解读数据，组织可以更好地了解市场趋势、客户需求和业务绩效等信息，从而做出更明智的决策。数据是比较客观的证据和指标，可以帮助组织避免主观臆断和凭直觉做出决策的风险。基于数据的决策可以提高决策的准确性和可靠性。

早在 2006 年，eBay 就成立了大数据分析平台。为了准确分析用户的购物行为，eBay 定义了超过 500 种类型的数据，每个用户在其网站上的所有行为都被记录下来，如页面停留时间、用户是否查看评论、搜索的每个关键词、浏览的商品等，并根据这些数据对顾客的行为进行跟踪分析。在早期，eBay 网站上的每一个功能的更改，通常是由对该功能非常了解的产品经理决定，判断的依据主要是产品经理的个人经验。通过对用户行为数据的分析，网站上任何功能的修改都交由用户去决定。

中国移动通过大数据分析，能够对企业运营的全业务进行有针对性的监控、预警、跟踪。大数据系统可以在第一时间自动捕捉市场变化，再以最快捷的方式推送给指定负责人，使他在最短的时间内获知市场行情，及时发现并处理出现的问题。

(四)技术导向原则

数字化经济中的新兴技术，如人工智能、大数据、云计算等，为组织提供了创新的机会。遵循技术导向原则可以使组织紧跟技术发展的步伐，充分利用这些新兴技术来提升业务绩效和竞争力。技术导向原则鼓励组织不断尝试新的技术和方法，从而推动创新。通过引入新技术，组织可以探索新的业务模式、产品和服务，满足市场需求并创造价值。

对于需要进行数字化转型的企业，遵循技术导向原则可以使组织更好地适应这种转型，通过采用数字化技术来改善客户体验、优化供应链管理等。合适的技术还可以提高组织的效率和生产力，自动化流程、智能分析工具和协作平台等技术可以帮助组织简化工作流程、减少重复性工作，并提高工作效率，这些都可以使企业更好地适应数字化转型的挑战，并在激烈的市场竞争中保持优势。

(五)开放式创新原则

开放式创新原则鼓励组织与外部伙伴合作，共同开展创新活动。通过与学术界、研究机构、初创企业等合作，组织可以获得更多的创新资源和思路，加速创新的进程；与不同背景和领域的伙伴合作，可以帮助组织拓展创新视野。外部伙伴可能带来新的技术、商业模式和市场洞察，从而提高组织的创新能力。

在快速变化的数字化经济市场，开放式创新可以加速创新的速度和效率，通过共享资源、知识和经验，组织可以更快地获取市场信息和趋势，调整创新方向，减少重复工作，加快产品和服务的开发周期。

例如，英特尔公司资助了五百余所高校，并在研究相关领域的大学周边设立了开放性合作实验室。这类实验室通常有 20 名英特尔公司的研究人员和20 名高校的研究员。虽然这些实验室归英特尔公司所有，但研究环境非常开放，部分项目也对外公开。英特尔公司更注重从大环境中迅速汲取知识，获取大量的新创意和知识产权。

海尔集团推出的智能家居产品，如海尔星盒、空气魔方、无压缩机酒柜等，皆为开放式创新的结晶。空气魔方并非企业凭借自身实力在实验室中规划和研发的产物，而是由海尔集团搭建的开放创新平台集结的来自 8 个国家的内外部专家和学者团队共 128 人，历时 6 个月与全球 980 多万不同类型用户进行交互，借助大数据分析，最终筛选出 81 万粉丝最为关注的 122 个具体产品痛点需求，成为空气魔方核心功能研发的起点。

(六)客户中心原则

客户是组织存在的理由，因此组织的架构和运作应以满足客户需求为中心。

客户中心原则可以帮助组织提高客户满意度，通过深入了解客户的需求和期望，组织可以更好地设计产品、服务和体验，提供价值，帮助组织与竞争对手区别开来；通过提供卓越的客户体验吸引更多的客户，扩大市场份额；通过提供个性化的服务、快速响应客户问题及持续改进产品和服务，可以增强客户的忠诚度和口碑。

以客户为中心是华为公司最重要的经营理念与核心价值观。任正非说："华为所有的哲学就是以客户为中心，就是为客户创造价值。"华为公司的组织管理体系就是以客户为中心搭建的。2014 年，华为公司的业务组织架构逐步调整为基于客户、产品和区域三个维度的组织架构。其中，公司设立面向三个客户群的 BG(Business Group)组织，以适应不同客户群的商业规律和经营特点，进一步为客户提供创新、差异化、领先的解决方案。华为公司原来的组织系统是按产品线组建部门，进行改革后，他们是按客户进行划分的，分成交通行业、教育行业等，针对不同的行业做了相应的解决方案。华为公司还优化了区域组织，加大、加快向一线组织授权，在与客户建立更紧密的联系和伙伴关系、帮助客户实现商业成功的同时，进一步实现华为公司自身健康、可持续的有效增长。

(七)风险管理原则

风险管理原则要求组织能够识别和评估可能影响其业务的各种风险。在数字化经济中，组织面临着数据泄露、网络攻击、技术故障等多方面的风险。遵循风险管理原则，组织可以更好地了解和规避这些风险。

根据风险评估的结果，组织可以制定相应的风险应对策略并采取适当的措施来进行管理，如实施风险控制措施、购买保险、建立备份和恢复计划等。通过提前制定风险应对策略，组织可以减少风险发生时的损失。

风险管理原则要求组织持续监控和审查风险状况。这有助于组织及时发现新的风险和变化，并对风险管理策略进行调整。在数字化经济中，技术和市场变化快速，持续的风险监控和审查至关重要。

有效的风险管理可以提高组织架构的弹性，使其能够更好地应对意外情况和变化，降低数据泄露和其他安全事件的发生概率，快速恢复业务并减少损失，保护组织的声誉和信誉，从而赢得客户的信任。

三、数字化经济管理的内容

(一)战略规划管理

战略规划管理是一个组织为实现其长期目标而进行的系统性规划和管理过程。明确的企业数字化战略，可以指导企业在数字化经济中的长远发展方向，避免短期行为对长期利益的损害，为员工提供清晰的目标和方向，行动一致，避免盲目性和随意性，还可以合理配置资源，提高资源利用效率，实现效益最大化。

在进行战略规划管理时，需要考虑内外部环境资源、企业核心优势和能

力、长远愿景和使命、明确具体的目标和衡量标准、可能面临的风险等关键
因素。

1. 战略规划管理的内容

战略规划管理的主要内容有以下六项。

(1)环境分析:对组织所处的内部和外部环境进行全面分析,包括市场趋
势、竞争对手、技术发展等。

(2)目标设定:明确组织的长期和短期目标,确保目标与组织的愿景和使
命相一致。

(3)战略选择:根据环境分析和目标设定,制定适合组织的发展战略,如
增长战略、成本领先战略等。

(4)资源分配:确定实施战略所需的资源,包括人力、财务和技术资源,
并进行合理分配。

(5)执行与监控:将战略转化为具体的行动计划,并建立有效的监控机
制,跟踪战略执行的进展和效果。

(6)评估与调整:定期评估战略的执行情况,根据内外部环境的变化及时
调整战略,确保组织的持续发展。

2. 战略规划管理的常见方法

战略规划管理的常见方法有以下八种。

(1)SWOT(Strengths, Weaknesses, Opportunities, Threats)分析法:用于
评估组织的优势、劣势、机会和威胁,以制定相应的战略。

(2)波特五力分析法:分析行业竞争格局,帮助企业制定竞争战略。

(3)STP(Segmenting, Targeting, Positioning)战略:通过市场细分、目标
市场选择和市场定位,确定企业的产品或服务方向。

(4)平衡计分卡:从财务、客户、内部流程、学习与成长等维度评估企业
绩效。

(5)价值链分析:识别企业价值创造的环节,优化业务流程,提高竞
争力。

(6)情景规划:考虑多种可能的情景,为战略决策提供依据。

(7)标杆管理:与行业内优秀企业进行比较,学习其成功经验。

(8)战略地图:将战略目标转化为具体的行动计划和指标,实现战略的可

视化和可衡量性。

3. 战略规划管理的一般步骤

(1)设定目标：明确组织的长期和短期目标，确保目标清晰、具体、可衡量、可执行。

(2)环境分析：对组织内部和外部环境进行全面分析，包括市场、竞争、技术等。

(3)资源评估：评估组织的人力、物力、财力等资源，确定优势和劣势。

(4)战略制定：基于目标、环境和资源分析，制定符合组织发展的战略。

(5)计划实施：将战略转化为具体的行动计划，明确责任和时间节点。

(6)监控评估：建立监控机制，定期评估战略实施效果，及时调整。

(7)持续改进：根据评估结果，不断优化战略和行动计划，确保组织持续发展。

(二)决策管理

数据驱动决策是数据化管理最核心的决策理念。企业在决策前通过收集、分析和利用数据，可以更好地了解市场需求、消费者行为、业务绩效等，为企业的决策提供准确的依据，从而做出更明智的决策。

数据管理是决策管理的核心基础，对于企业决策非常重要。

(三)技术创新管理

数字化经济的快速发展要求组织具备持续创新的能力。组织需要不断推出新的产品、服务和商业模式，以满足市场需求和保持竞争力。数字化经济的技术创新管理，是通过有效的管理手段，促进技术创新的过程，同时，还包括对创新项目的规划、组织、实施和评估，以及对创新人才的培养和激励等管理活动。它强调利用数字技术和数据资源，推动企业在技术研发、产品创新、业务模式变革等方面不断突破，以提高竞争力和创造经济价值。

技术创新管理分为准备阶段、评估和筛选阶段、研发阶段、推广阶段。

1. 准备阶段

在确定组织的技术创新目标和战略与整体业务目标相一致的前提下，进行市场研究和趋势分析，了解行业动态、竞争对手的技术创新及客户需求的变化，发现潜在的创新机会和市场需求。

在内部鼓励员工提出新的想法和创意，可以通过创新竞赛、头脑风暴、团队讨论等方式收集。对外与合作伙伴、学者和研究机构合作，获取更多的创意和专业知识。

2. 评估和筛选阶段

在考虑技术可行性、市场潜力、商业价值等因素的基础上，建立评估团队采用评估工具对收集到的创意进行评估和筛选，对于通过筛选的项目，制定详细的项目计划，包括时间表、预算和所需资源的分配，并确保项目团队具备所需的技能和专业知识。

3. 研发阶段

组织人员进行技术研发和实验工作，包括实验室测试、原型开发、用户验证等，推动项目的进展。在研发过程中，应重视知识产权的保护和管理，及时申请专利、版权和商标等，确保创新成果得到合法的保护和利用。必要时，可建立合作伙伴关系和战略联盟，与其他组织共享资源、知识和技术，加速创新进程。

4. 推广阶段

推广就是有效地沟通技术创新的目标、进展和成果，内部向员工传达，外部向客户、合作伙伴和市场进行推广，增加对创新的认知和接受度。

技术创新管理应始终注意与技术创新相关的风险，如技术风险、网络安全、数据泄漏、市场风险和竞争风险等。因此，企业应建立有效的风险管理框架，制定相应的风险应对策略，以识别、评估和应对这些风险，减少潜在的负面影响。

此外，企业还应建立绩效评估指标，定期监测和评估技术创新项目的进展和成果，并根据评估结果进行必要的调整和改进。

（四）客户体验管理

客户体验管理是确保客户在与企业互动的各个环节中都能获得满意体验的过程，可以通过以下方法来进行。

1. 设计客户旅程

设计客户旅程，即通过市场调研、客户反馈、数据分析等方式，深入了解客户的需求、期望和痛点，以此为基础绘制客户在与企业互动的全过程，包括售前、售中、售后等各个环节，分析每个阶段的客户需求和体验要点，找出改进的机会。

2. 优化产品和服务

根据客户需求和反馈，有针对性地设计产品和服务，不断优化产品和服务的质量。要注重产品的易用性、功能性和可靠性，提供个性化的服务，以满足客户的期望。在关键时刻为客户提供超乎预期的体验，如特殊的优惠、个性化的关怀或意外的惊喜。这能够给客户留下深刻的印象，从而提高客户的满意度和忠诚度。

3. 建立客户关系管理系统

建立客户关系管理系统，就是利用信息化系统来管理客户信息、交互记录和反馈数据，实现客户体验的量化和可视化管理。

4. 建立反馈监测机制

建立反馈监测机制，即建立畅通的客户反馈渠道，如在线评价、客服热线、调查问卷等，及时收集客户的意见和建议，并将其纳入改进计划中；利用数据分析工具，监测关键的客户体验指标，如客户满意度、投诉率等，找出问题和趋势，及时进行调整和优化。

5. 全员参与

全员参与，就是推动跨部门的协作和沟通，确保各个部门都能以客户为中心，共同为客户提供优质的体验。员工是客户体验的重要环节，要对员工进行培训，使其具备良好的沟通技巧、服务意识和解决问题的能力，鼓励员工积极主动地为客户提供帮助和支持。

6. 塑造品牌形象

塑造品牌形象，包括品牌价值观、品牌个性和品牌传播等方面。一致的品牌体验能够增强客户对企业的认同感和忠诚度。

7. 持续改进

客户体验管理是一个持续的过程，要不断评估和改进各项措施的效果。持续关注市场动态和客户需求变化，及时调整策略。

8. 关注竞争对手

关注竞争对手，即了解竞争对手的客户体验策略和优势，从中吸取经验和教训，不断提升自身的竞争力。

（五）人才管理

在数字化经济中，人才管理需要注意以下几个方面。

企业应建立数字化的人才管理系统，采用人力资源信息系统，实现人才管理的信息化和自动化，提高管理效率和决策的科学性。企业应以数据驱动优化人才招聘选拔流程，即通过大数据分析，了解求职者的技能、经验和潜力，以便更精准地选拔适合企业的人才。企业应运用人才分析工具，进行人才数据分析与洞察，了解员工的绩效、离职率、满意度等指标，以便及时采取措施，优化人才管理策略。

企业应为人才提供良好的工作环境、福利待遇和职业发展机会，关注员工体验和身心健康，提升员工的归属感和忠诚度。在绩效管理与激励机制方面，企业应建立明确的绩效指标，与数字化经济的目标相结合。同时，采用多样化的激励机制，如奖金、股票期权、晋升机会等，以激发员工的积极性和创新精神。由于数字化经济发展迅速，员工需要不断提升自己的技能和知识，企业可以提供在线学习平台、内部培训课程或鼓励员工参加行业研讨会等，以保持其竞争力。数字化经济允许更灵活的工作方式，如远程办公和弹性工作时间，有助于吸引和留住人才，同时提高员工的工作效率和满意度。

企业高层领导者需要具备数字化素养，引领企业的数字化转型，同时也要培养和提升中层管理者的数字化能力，鼓励员工提出新的想法和创意，容忍失败，并为创新提供资源和支持。这样的文化有助于吸引和培养具有创新能力的人才。

企业还应与高校、培训机构、行业协会等建立合作关系，共同培养数字化人才，形成良好的人才生态系统。

（六）合作关系管理

在数字化经济中，组织需要与各种合作伙伴建立紧密的合作关系，共同开展创新项目、扩大市场份额等。在数字化经济中，合作伙伴关系管理可以通过以下几个方面来实现。

在建立合作伙伴关系之前，明确双方的合作目标和策略是至关重要的。

这包括确定共同的商业目标、合作领域及预期的合作成果。通过明确目标，可以确保与合作伙伴在努力方向上保持一致。

在选择合适的合作伙伴过程中，应仔细评估潜在的合作伙伴，考虑他们的专业能力、资源、信誉和文化契合度等因素。选择与自身业务互补且具有共同愿景的合作伙伴，以增加合作成功的机会。还有最重要的一点是，合作双方都应着眼于建立长期稳定的合作伙伴关系，而不仅仅关注短期利益，应通过共同成长和发展，实现互利共赢的局面。

在合作伙伴关系中，明确各方的角色和责任非常重要。制定详细的合作协议，一是要明确各方在合作中的职责分工，避免工作重复或遗漏；二是要通过诚实、守信，建立起相互信任的关系，确保合作模式对双方都是有利的，共同分享合作带来的利益；三是要建立有效的冲突解决机制，通过积极的沟通和协商来解决问题，避免冲突的升级而影响合作关系。

企业应与合作伙伴共同制定合作计划，包括项目时间表、里程碑和交付成果等，这有助于确保合作的有序进行，并便于跟踪和评估合作的进展情况。

合作伙伴之间要在信任的基础上，建立开放和透明的沟通渠道，及时共享重要的信息和数据。定期的会议、电话沟通和在线协作工具可以帮助双方保持良好的沟通，并及时解决问题和协调工作。

最后，要定期评估合作伙伴关系的效果，包括合作目标的实现情况、合作伙伴的表现等。根据评估结果，及时进行调整和改进，以确保合作伙伴关系能够持续发展和取得良好的成果。

(七)风险和合规性管理

在数字化经济中，组织需要遵守各种法律法规和行业标准，确保数据安全、隐私保护、知识产权保护等方面的合规性，应建立相应的监测和审计机制，定期对企业的数字化业务及与第三方合作的业务，进行审计和检查。监测合规执行情况，及时发现和纠正潜在的合规问题，并进行整改和改进。对于企业面临的各种潜在风险，应有预防、预警和应急管理机制。

除了内部管理，企业还应积极与相关的监管机构保持沟通与合作，及时了解监管要求和政策动态。参与行业自律组织，加强与同行的交流和合作，共同推动行业的合规发展。

四、数字化经济组织架构和管理的创新模式

企业，尤其是数字化转型企业，可以从以下方面谋求数字化经济组织构架和管理的模式创新。

(一) 数字化经济组织构架的创新模式

(1) 平台化模式：打造数字化平台，连接供应商、生产商、消费者等各方，实现资源共享和高效协作。

(2) 扁平化模式：减少传统层级式结构中的中间管理层，实现组织的扁平化，可以提高决策效率，增强团队的自主性和灵活性。

(3) 敏捷化模式：采用敏捷开发和管理方法，快速响应市场变化，提高组织的灵活性和创新能力。

(4) 数据驱动模式：利用大数据和人工智能技术，深入分析市场和用户需求，精准决策，优化产品和服务。

(5) 生态化模式：构建数字化生态系统，与合作伙伴共同创新，拓展业务领域，实现互利共赢。

(6) 智能化模式：引入智能硬件、机器人等先进技术，提高生产效率，降低人力成本。

(7) 跨界融合模式：跨越行业边界，融合不同领域的知识和经验，创造新的商业模式和价值。

(8) 用户导向模式：以用户为中心，关注用户体验和需求，通过数字化手段实现个性化服务。

(9) 开放式创新模式：建立开放式创新平台，吸引外部创新者和创业者参与，吸收新思想和新技术，共同推动创新项目的发展。

(二) 数字化经济管理的创新模式

(1) 数据驱动决策：利用大数据分析和人工智能技术，深入了解市场、客户和业务流程，以做出更明智的决策。

(2) 敏捷管理：采用敏捷方法，快速响应变化，提高团队效率和创新能力。

（3）数据资产管理：将数据视为重要的资产进行管理和运营，通过数据分析和挖掘实现数据价值的最大化。

（4）数字化供应链：通过物联网、区块链等技术，优化供应链管理，提高物流效率和透明度，实现供应链的可视化和高效运作。

（5）智能财务：利用自动化和人工智能技术，提升财务管理的效率和准确性。

（6）云端办公：借助云计算技术，实现远程办公和协作，提高工作灵活性。

（7）数字化营销：利用社交媒体、搜索引擎优化等手段，精准触达目标客户，提高营销效果。

（8）人才数字化：运用人才分析和招聘技术，更好地发现、培养和管理人才。

（9）体验式管理：关注客户和员工的体验，通过数字化手段提升客户服务质量和员工满意度。

五、案例分析：字节跳动的组织架构支持其快速发展

北京字节跳动科技有限公司，简称字节跳动，成立于 2012 年 3 月，是最早将人工智能应用于移动互联网场景的科技企业之一。该公司在全球范围内迅速崛起，并以其创新的技术和有影响力的产品而受到广泛关注。2021 年，字节跳动排名胡润百富全球独角兽榜第一名。

字节跳动以建设"全球创作与交流平台"为愿景，旗下拥有众多知名的产品和平台，其中最著名的有抖音、今日头条、TikTok 等。这些应用程序在全球范围内拥有数十亿的用户，以其独特的算法和内容推荐系统而闻名。字节跳动的核心竞争力在于其先进的技术能力，包括人工智能、机器学习和大数据分析等。这些技术使其能够为用户提供个性化的内容推荐，满足用户的兴趣和需求。除了在社交媒体和内容领域的成功，字节跳动还积极拓展其他业务领域。例如，该公司在在线教育、游戏、电子商务等领域也进行了投资和布局，以扩大其业务版图。

字节跳动是一家具有创新精神和强大技术实力的公司，在全球范围内拥有庞大的用户基础和强大的影响力。它的产品不仅在中国市场取得了巨大成

功，也在国际市场上获得了广泛的认可和喜爱，其产品和服务对全球用户的生活和娱乐方式产生了深远的影响。

字节跳动的商业模式主要基于其旗下多款热门产品，如抖音、今日头条等，通过广告、付费会员、电子商务等方式实现商业化。具体来说，字节跳动鼓励用户创作和分享内容，并通过大数据和算法推荐等技术将优质内容分发给用户。这种模式不仅吸引了大量的内容创作者，也为用户提供了丰富多样的内容消费体验，庞大的用户规模进而吸引广告商投放广告。同时，字节跳动也通过推出付费会员服务、虚拟货币，开展电子商务平台、直播带货业务等方式，进一步拓展商业化渠道。此外，字节跳动还积极开展海外业务，通过在全球范围内推广其产品，扩大用户基础，实现商业价值的最大化。简单来说，字节跳动的商业模式依靠其强大的技术实力和用户基础，不断创新和拓展商业化渠道，实现持续增长和赢利。

字节跳动能够快速发展，除了源于其独特的商业模式和强大的技术实力外，公司适合数字化经济发展的组织构架也起到了极大的推动作用。

字节跳动有灵活高效的决策机制。字节跳动非常重视数据的收集和分析，通过数据来驱动决策和优化产品。在其组织架构中，数据团队和分析团队能够为各个业务部门提供及时准确的数据支持，帮助他们做出更明智的决策。字节跳动拥有的庞大数据是其决策的基石，扁平化的组织架构，减少了层级和中间环节，使得决策能够更加快速地传递和执行。

字节跳动采用事业群制，将公司业务分为抖音、大力教育、飞书、火山引擎、朝夕光年和 TikTok 等事业群。每个事业群都有明确的业务重点和目标，这有助于提高组织的灵活性和决策效率。在事业群中，跨部门协作不再是难题，而是常态。不同团队之间的沟通流畅无比，大家群策群力，共同为公司的发展出谋划策。这种灵活高效的决策机制有助于公司迅速应对市场变化并抓住机遇。

字节跳动的组织架构围绕着产品线进行构建，每个产品团队都具有相对独立的决策权和资源支配权。这样可以促进产品的快速创新和迭代，满足用户不断变化的需求。

2020 年字节跳动部分组织架构，如图 8-1 所示。

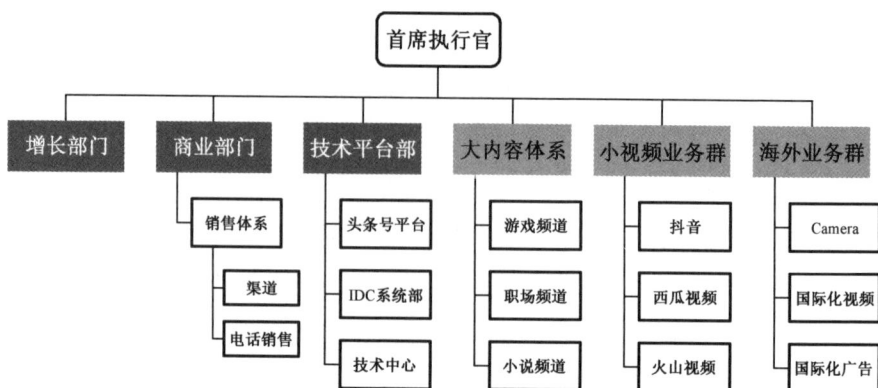

图 8-1　2020 年字节跳动部分组织架构

此外，字节跳动拥有强大的技术中台，为各个产品提供通用的技术支持和服务。这有助于提高研发效率，降低技术成本，同时也便于在不同产品之间共享技术资源和经验。

字节跳动鼓励员工勇于尝试新的想法和方法，提供宽松的创新环境和资源支持。这种创新文化在组织架构中体现为对新业务和项目的积极探索和孵化。

字节跳动发展快速还在于其全球化布局。公司在全球范围内设立了多个办公室和研发中心，吸引了来自不同国家和地区的优秀人才。这种全球化的组织架构有助于公司更好地了解和满足全球市场的需求，拓展国际业务，从而能够获取更广泛的用户群体和增长机会。

第九章　数字化经济的风险管理
和法律合规管理

一、数字化经济的风险管理

企业在数字化经济中面临多种风险挑战。

在数字化时代，经济活动日益依赖于数字技术和互联网。虽然数字化经济带来了许多机遇和创新，但也伴随着一系列的风险，这些风险可能会影响个人、企业和整个社会的稳定和发展。

数据安全和隐私保护是数字化经济面临的首要风险。随着大量的个人和企业数据被收集、存储和传输，数据泄露和滥用的风险也日益增加。黑客攻击、网络犯罪和数据窃取等活动可能导致敏感信息的泄露，给个人和企业带来巨大的损失。

网络安全威胁也是数字化经济的一大挑战。网络攻击的手段和频率不断升级，包括恶意软件、勒索软件和 DDoS 攻击(Distributed denial of service attack，分布式拒绝服务攻击)等。这些攻击可能导致系统瘫痪、数据丢失和业务中断，对企业的运营和声誉造成严重影响。

2021 年，美国最大的输油管道公司科洛尼尔管道运输公司遭到黑客攻击，导致其部分系统关闭，影响了美国东海岸的燃油供应。同年，知名社交媒体平台 Facebook 的数据泄露事件，导致超过 5.3 亿用户的个人数据被曝光，这也引发了人们对互联网公司的信任危机。

数字化依赖于各种技术，如软件、硬件和基础设施。系统缺乏稳定性和可靠性，会导致业务中断或数据丢失。2023 年，微软公司的云计算服务 Azure 发生故障，导致许多用户无法访问其存储在云端的数据。很多互联网巨头公司也都出现过宕机等技术故障。此外，数字化经济中的新兴技术也带来了新的风险。例如，人工智能和区块链技术的应用可能引发伦理和法律问题。算法偏见、自动化决策的不透明性及区块链中的安全漏洞等问题都需要引起关注。

数字化经济涉及众多法律和法规，如数据保护法规、金融监管等。快速发展的数字领域使得法律法规的制定和更新相对滞后，这导致了一些法律空白和模糊地带。企业可能在不知不觉中违反法律规定，面临法律责任和处罚。例如，2021 年英国金融行为监管局对谷歌处以 5 000 万英镑的罚款，原因是谷歌未能采取足够措施来保护用户的数据隐私。

竞争和市场波动也是数字化经济中的风险因素。数字化打破了传统的行业边界，竞争变得更加激烈。新的竞争对手可能迅速崛起，市场格局也可能在短时间内发生变化，给企业带来生存和发展的压力。国内非常典型的案例就是拼多多在短短几年内的迅速崛起，通过社交电子商务模式和低价策略，对传统电子商务巨头阿里巴巴和京东构成了竞争威胁。

数字化经济带来的社会和道德风险也在急剧放大，如算法偏见、虚假信息传播等。这些风险对社会和企业造成的负面影响有时候可能会是致命的，因为一件假新闻或一件丑闻而使一些知名企业受到重创，甚至是断崖式倒闭的案例已不鲜见。

所以，在数字化经济中，风险管理对于企业经营非常重要和必要。

长期的风险管理考虑了企业的战略目标和可持续发展。它帮助企业在追求增长的同时，平衡风险与机会，确保企业的长期生存与繁荣，促进可持续发展。

风险管理有助于识别和应对会影响业务运营的风险，可以保护企业的重要资产，如知识产权、客户数据等，预防和减少网络攻击、数据泄露等事件的发生，还可以降低技术故障和系统中断的影响，确保业务的连续性和稳定性，减少经济损失，保护企业的资产和声誉免受损害。

风险管理让企业在决策时，有了对潜在风险的清晰认识，领导者能够做出更明智的决策。在日常经营时，风险管理不仅能够帮助企业更好地应对市场波动、技术变革等挑战，提高灵活性和适应性，在竞争激烈的数字化经济中保持优势，还可以保证企业合规经营，避免法律和监管风险，降低不确定性和潜在损失。

企业的声誉和客户信任对于企业来说至关重要，客户和合作伙伴更愿意与能够妥善管理风险的企业合作。一次重大的风险事件可能导致企业在声誉和经济上都受到难以承受的损失。数字化经济风险管理对于企业的成功和可持续发展至关重要。风险管理能够帮助企业在充满挑战和机遇的数字化环境中稳健前行。

二、数字化经济法律合规管理

数字化经济的法律合规管理，主要包括以下几个方面。

(一) 数据安全和隐私保护

确保个人数据安全和隐私保护，要遵循有关数据保护的法律法规。企业应遵循数据最小化原则，只收集和处理必要的数据，避免过度收集个人信息；采取加密、访问控制、备份等适当的技术和管理措施来保护数据和用户隐私的安全性。如果涉及数据的跨境传输，确保其符合相关的法律法规，并采取适当的保护措施。在收集和使用个人数据时，企业应获得用户的明确同意，确保用户知情其数据将如何被处理，并保障数据主体的权利，如访问、更正、删除个人数据的权利。企业应制定数据保护定期审计制度和应急响应计划，及时发现和纠正潜在的问题，采取措施减轻影响。

(二) 网络安全和信息安全

为了防止网络攻击、数据泄露等安全事件发生，企业应当采取适当的安全措施来保护数字化系统和数据。

在技术方面，应使用加密技术保护传输中的数据和存储的数据，定期对重要数据进行备份，并将备份存储在安全的地方，以防止数据丢失或损坏。应采用网络监控工具和入侵检测系统，及时发现和响应潜在的安全威胁，及时安装更新和补丁，修复软件和系统的安全漏洞。

在管理方面，应通过培训和教育强化员工的网络信息安全意识，实施严格的访问控制机制，确保只有授权人员能够访问敏感信息和系统；应定期进行安全审查和风险评估，发现和改进安全管理中的不足之处，并确保网络安全和信息安全策略与法律合规要求相一致，并及时响应法律法规变化。

（三）知识产权保护

企业在数字化经济中应尊重和保护他人的软件版权、专利、商标等知识产权。可通过合同和协议明确知识产权的归属、使用许可和保密条款等，并采用合适的技术手段，如加密、数字水印等，保护知识产权不被非法复制和传播。定期监测市场，如发现侵权行为，应及时采取包括法律诉讼等措施在内的维权措施。

（四）合同合规

在合同签订前，应验证合同各方的身份，确保签署人的真实身份和授权，并确保电子合同的法律有效性，电子合同应符合适用的法律法规，包括合同法、电子签名法等；签订合同时，遵循相关的电子签名法规和标准，使用可靠的电子签名技术，满足法律对电子签名的要求，确保合同的真实性和完整性；合同签订后，应采取适当的技术措施保护电子合同的数据安全，以防止数据丢失或损坏，以及未经授权的访问、篡改或泄露。

（五）遵守相关法律法规

在数字化市场中遵守反垄断和竞争法律法规，保证企业在税收、内容监管、透明度、日常管理等方面合规经营，避免不正当竞争行为，及时缴纳税款，确保在线内容的合法性和合规性，在数字化业务中保持透明度，向用户和监管机构提供清晰准确的信息，建立健全包括制定合规政策、培训员工、进行内部审计等在内的合规管理体系。

除了建立健全的合规管理体系外，企业还要持续进行学习和改进，密切关注法律法规的变化和最新发展，及时更新和调整合规措施，以适应新的法律法规要求。

这些措施的目的是确保数字化经济活动的合法性、公正性和可持续性，保护消费者权益，维护市场秩序，并促进数字经济的健康发展。不同地区和行业可能有具体的法律法规和标准，企业需要根据实际情况进行具体的合规管理。同时，合规不仅仅是法律要求，也是企业社会责任的一部分，有助于企业建立信任和良好的商业声誉。

三、案例分析：Facebook 的用户数据泄漏事件及其应对措施

个人信息数据的有效运用，极大地提升了我们工作、生活和娱乐的便利性。然而，这也意味着，任何与用户个人数据相关的企业都可能面临潜在的数据风险，即便是大公司也不能例外。

2021 年 4 月，在某黑客论坛上，Facebook 用户的个人隐私信息被免费公布，这些信息涵盖了该公司用户的电话号码、登录 ID、全名、家庭住址、出生日期、个人简历及电子邮箱地址等。此次泄露的个人隐私信息数据涉及 106 个国家的 5.33 亿 Facebook 用户，其中包括 3 200 万美国用户、1 100 万英国用户和 600 万印度用户。这些用户信息经过分析整理，可以用于广告等各类信息的精准投放，对社会和商业秩序的影响不可估量。

Facebook 的用户数据泄露事件堪称其成立以来遭遇的最大危机，也是迄今为止最严重的数据泄露事件。然而，这并不是偶然事件，此前 Facebook 的用户数据就曾多次泄露，这反映了该公司存在内部数据管理漏洞。

受此事件影响，其母公司 Meta 遭到大众舆论的强烈批评和抵制，很多人发起了注销 Facebook 账号的行动，美国联邦贸易委员会、英国国会等多个国家的组织机构对此展开了调查，Meta 公司的股票市值也因此蒸发了 700 亿美金。

最终，Meta 公司和美国联邦贸易委员会，就用户数据泄露事件达成和解协议，Meta 公司被罚款 50 亿美元，并承诺设立独立的隐私委员会，强化隐私合规措施。爱尔兰数据保护委员会也对 Meta 公司处以 2.65 亿欧元的罚款。

此次用户数据泄露事件对 Facebook 的声誉和形象造成了重大打击。为了挽回声誉，避免更大的损失，Facebook 出台多项措施进行补救。

创始人兼首席执行官扎克伯格公开表态要在监管整个生态系统的问题上采取更积极的态度，将"对使用 Facebook 平台的个人、开发者和企业的数据保护"定为公司今后的首要任务。另外，Facebook 在 9 家英美报纸以白底黑字的形式整版刊登扎克伯格的道歉信，以求得公众的谅解。

同时，Facebook 还采取了以下具体措施改进隐私保护：设立了"举报数据滥用奖金"，鼓励用户举报应用软件开发商滥用数据的行为；增加数千名内容审查人员；对 Facebook 广告投放、内容发布规则的修改和完善；对应用软件

数据和定向广告的安全措施进行完善；对应用程序 API 进行一系列修改；对以往模糊的可发布内容范围做了较为明确的规定，禁止用户发布暴力相关、非医疗药物等交易信息。这些措施的推出，以及时间的推移和公众注意力的转移，最终使用户数据泄露事件得以平息。

　　一旦个人信息数据发生泄露，无论是对于数据源的提供者，还是数据获取、存储、管理、分析等中间环节的服务提供商，抑或是各类数据的使用者，都将带来威胁。对于互联网企业来说，其平台数据规模庞大，一旦发生数据泄露，不但企业声誉受损，而且关系到企业生存。此次 Facebook 用户数据泄露事件应当成为各类企业的前车之鉴，企业应积极总结经验教训，构建起企业的数据安全防线。

第十章 数字化经济的营销策略

在数字化经济时代，营销策略的重要性愈发凸显。通过数据分析和精准定位，企业能更好地了解消费者，并为其提供个性化的产品和服务。社交媒体和网络平台的运用，可扩大品牌影响力，增加用户参与度，使企业能迅速应对市场变化。因此，制定并执行有效的营销策略，是数字化经济成功的关键。

一、数字化经济营销的概念和特点

(一)数字化经济营销的概念

数字化经济营销是一种利用数字技术和互联网平台推广和销售产品或服务的营销方式。它融合了数字营销、电子商务和经济发展的概念，旨在通过数字化手段实现更高效、精准和个性化的营销活动，以提高营销效果和经济效益。

进入数字化经济时代后，消费者的行为、营销渠道、营销决策的方式都发生了深刻的变化。

数字化经济使消费者更加依赖互联网和移动设备获取信息、进行购买决策。消费者可以更容易地获取消费信息，更轻松地比较产品和价格，更方便地与商家互动，对品牌和产品有更高的期望，并更容易受到社交媒体和在线评价的影响。数字化经济促进了电子商务的快速发展，使消费者更倾向于在网上购买商品和服务。

数字化经济时代，企业的营销渠道和营销手段也更加多元化和多样化。传统商业以渠道为王，而在数字化经济时代，营销渠道变为线上、线下双渠道，而且越来越倾向于线上，如电子商务平台、社交媒体平台、搜索引擎、移动应用、在线社区、视频平台、电商直播等。相比于传统渠道，线上渠道更为精彩。在营销手段上，除了传统的广告和促销手段，内容营销、搜索引擎竞价、电子邮件营销、在线广告、电商直播等都成为新的而且非常有效的营销手段。

数字化经济产生了大量的数据，企业可以利用这些数据深入了解消费者的需求和行为模式，了解客户行为和喜好，从而更精准地定位目标客户，制定个性化的营销策略，提高营销效果。同时，数字化经济也降低了市场门槛，使竞争更加激烈。

数字化经济营销的核心在于利用互联网、移动设备、社交媒体、大数据分析等工具和技术，与消费者进行互动和沟通。通过这些渠道，企业可以收集和分析消费者的行为数据，了解他们的需求和偏好，从而制定更有针对性的营销策略。

(二) 数字化经济营销的优势和特点

与传统营销相比，数字化经济营销有诸多优势，为企业提供了更多的机会。

借助大数据和人工智能技术，企业可以更准确地了解消费者的需求和行为，从而实现精准的市场定位和个性化营销。

数字化经济打破了地域限制，企业可以通过互联网覆盖更广泛的市场，触达更多潜在客户。数字化营销的成本相对较低，效果更容易评估，尤其是与传统广告媒体相比，企业可以通过有针对性地投放和优化，提高营销的投资回报率。

数字化经济营销允许企业更快地尝试新的营销策略和创意，灵活应对市场变化，及时调整营销方案。通过精心策划的数字化营销活动，企业可以展示专业、创新的形象，提升品牌的知名度和美誉度。自动化和智能化的营销工具能够节省人力和时间成本，提高营销流程的效率和效果。通过数据分析工具，企业可以实时监测营销活动的效果，了解消费者的反应，进而优化营销策略，提升营销效果。数字化营销的效果可以通过各种指标进行衡量和评估，为企业决策提供科学依据。

数字化渠道使企业能够与消费者进行实时互动，消费者在数字化平台上的反馈更加及时和直接，企业可以迅速了解产品或服务的优点和缺点，便于改进和优化，并通过及时回应消费者的意见和建议，增强消费者的参与感和忠诚度。

与传统营销相比，数字化经济营销具有以下特点。

1. 数据驱动

数据是数字化经济的核心要素，这不仅体现在生产上，还体现在商业营销中。数字化经济的营销依靠大量的数据分析来了解消费者的行为、喜好和需求。通过收集和分析这些数据，企业可以更精准地定位目标客户，从而制定个性化的营销策略。

数据也使数字化经济营销的可衡量性更高。数字化营销的效果可以通过各种指标和分析工具进行衡量和监测，相比传统营销的事后统计，数字化经济营销的实时数据可以让企业清楚地了解营销活动的投资回报率，及时调整策略，优化营销投入。

当前，数据驱动营销已深入各个领域，亚马逊、淘宝这些电子商务平台利用消费者的搜索、购买历史和浏览行为数据，为商家提供精准的广告投放和推荐服务，为用户推荐相关产品，提高销售转化率；Netflix 根据用户的观看历史和偏好数据，推荐个性化的电影和电视剧，提高用户留存率；谷歌基于搜索关键词数据，向用户展示相关的广告，提高广告的点击率和转化率；肯德基利用数据分析了解消费者的购买习惯和喜好，推出有针对性的促销活动和产品组合；滴滴出行则通过大数据分析优化车辆调配，提高乘客的叫车体验和司机的接单效率；银行根据客户的交易数据和信用评分，提供个性化的金融产品和服务等。现在，数据已经成为商业营销最宝贵的财富。

2. 多渠道整合

传统营销渠道较为单一，广告只有广播电视和传统纸媒，销售只有经销商一条渠道，而数字化经济营销不再局限于单一的渠道，企业可以整合各种数字渠道，如社交媒体、电子邮件、搜索引擎、内容营销等，形成全方位的营销体系，更有企业将线上和线下营销活动有机结合，打造一致的用户体验，提高营销效率。

数字化平台还提供了企业与消费者互动的机会。通过互联网、移动设备、社交媒体等多种数字渠道，企业可以方便地与消费者进行实时交流，解答疑问，收集反馈，建立更紧密的关系。通过实时监测市场动态和消费者反馈，企业可以及时调整营销策略，以满足不断变化的客户需求。

3. 精准营销

基于大数据和用户画像技术，基于用户数据和行为分析，数字化营销能够实现精准的客户定位。企业可以根据用户的兴趣、地理位置、购买历史等，向特定的人群推送相关的营销信息，实现广告和内容的精准推送，提供定制化的产品和服务，增强客户满意度和忠诚度，提升营销效果和投资回报率。

4. 社交化传播

数字化经济营销的信息传播不再局限于生硬的广告传播方式。社交化传播能够以图片、视频、音频等多媒体形式实时传递信息。企业把握好热点事件和话题，将有吸引力的内容在社交网络中快速传播，可以像病毒一样扩散，从而迅速扩大品牌的知名度。企业可以通过鼓励用户创作和分享与品牌相关的内容，如照片、视频、评论等，增加品牌的曝光度和影响力，形成口碑传播，影响其他用户的购买决策。此外，企业还可以借助线上平台或自建专属社群，增加与用户之间的互动，如回复评论、举办活动等，增强用户对品牌的认同感和参与度。

5. 跨地域覆盖

互联网的普及使数字化经济营销可以跨越地域限制，触达各地区，甚至是全球的潜在客户。现在跨国销售已不再是大型公司的专利，小微企业和普通人也可以将商品通过亚马逊、阿里巴巴等跨境电子商务平台销售到世界各地。

6. 持续创新

数字化经济营销领域不断涌现出新的技术，如人工智能、虚拟现实、增强现实等，让数字化经济营销的方式和手段也可以持续创新。近年来流行的电商直播模式，其头部主播一天可以创造十几亿的销售额，甚至超过了一些大型商超一年的销售额。随着更多的新科技和新营销方式的不断出现，这种奇迹还会不断发生。

二、数字化经济营销的关键策略

在数字化时代，企业必须紧跟潮流，善于运用各种数字化营销策略，以满足消费者多样化的需求。

（一）社交媒体营销

社交媒体营销是一种利用社交媒体平台来推广品牌、产品或服务的营销策略。它通过在社交媒体上创建、分享和传播有价值或有吸引力的内容，与用户进行互动和沟通，以达到品牌推广、增加品牌知名度、吸引潜在客户、促进销售和建立客户关系的目的。常见的社交媒体平台包括微博、微信、Facebook、Instagram 等。

社交媒体平台拥有庞大的用户群体和丰富的用户数据，提供了企业与用户直接互动的机会。通过在这些平台上进行有效的营销，企业可以建立良好的沟通渠道，将品牌信息快速传播给大量潜在用户，提高品牌的知名度和美誉度，增强用户对品牌的认同感和忠诚度。社交媒体平台还是用户表达意见和建议的重要渠道，企业可以通过观察用户的反馈，及时改进产品和服务，提升用户满意度。

与传统的营销方式相比，社交媒体营销的成本相对较低，尤其是对于中小企业来说，是一种性价比较高的营销途径。通过社交媒体营销，企业可以引导用户进入线上或线下店铺购买产品，举办促销活动、发布优惠信息等，促进销售的增长，并利用社交媒体平台进行售前咨询和售后服务，也提高了用户的购买体验。

社交媒体营销，已经成为企业营销战略中不可或缺的一部分。合理利用社交媒体营销，能够帮助企业与消费者建立更紧密的联系，从而提升品牌价值和市场竞争力。

社交媒体营销的核心是利用社交媒体的社交性质和用户网络，通过与用户的互动，建立起品牌与用户之间的紧密联系。在具体操作中，社交媒体营销需要有明确的目标，例如增加品牌知名度、提高产品销量、增加网站流量等，根据目标制定相应的策略，包括内容创作、互动计划和推广策略等。要根据企业产品或服务的目标受众的特点和行为习惯，选择适合的社交媒体平台。不同平台的用户群体、功能和特点各不相同，需要有针对性地选择。

在营销阶段，企业要根据事先规划设定的角色定位、内容策略，确定品牌个性、语言风格、内容类型、发布频率、主题等，创作高质量的图片、视频、文字等内容，并按时发布。注意结合热门话题和趋势，增加内容的传播力，使之与目标受众产生共鸣。

企业要积极与用户互动，回复他们的评论、私信和留言，建立良好的沟通关系，鼓励用户参与讨论和分享；策划有趣、有吸引力的线上活动，如竞赛、抽奖、问答等，激发用户的参与度和积极性；还可以建立品牌专属社交媒体社群，吸引和留住忠实粉丝，促进用户之间的互动和交流；与有影响力的社交媒体博主、网红等合作进行产品推广和品牌宣传，能够加速扩大影响力。

在营销过程中，企业应注重对数据的分析与优化，利用社交媒体平台提供的数据分析工具，监测关键指标，如粉丝增长、互动率、转化率等，并根据数据结果进行策略优化。如果出现负面评论和舆情，应及时处理，积极回应并解决问题，维护品牌形象。

(二) 内容营销

内容营销是一种营销策略，通过创建和分享有价值的、相关的和吸引人的内容来吸引和留存目标受众，并最终推动他们采取预期的行动，如购买产品、订阅服务或成为忠实客户。

内容营销的核心是提供对目标受众有用的信息，而不仅仅是直接宣传产品或服务。通过内容营销，企业可以展示其专业知识、分享见解、解决问题，并与潜在客户和现有客户建立有意义的互动。内容营销旨在吸引受众的注意力，与消费者建立信任关系，使消费者将品牌视为可信赖的信息来源和解决问题的伙伴。

内容营销可以采用多种形式，包括博客文章、视频、图片、电子书、白皮书、案例研究、网络研讨会等。关键是要确保内容具有教育性、娱乐性或实用性，能够满足受众的需求和兴趣。

内容营销的好处包括提高品牌知名度、建立消费者信任、增加网站流量、培育潜在客户、提高客户忠诚度等，是一种长期的投资，通过持续提供优质内容，逐渐赢得受众的心，并在他们决策过程中发挥影响力。

内容营销是数字化经济营销的主流策略，几乎被所有数字化营销企业所采用，优秀的案例也比比皆是。例如，江小白的"一个人喝酒不是孤独，喝了酒想一个人是孤独"的瓶身文案，以及苹果手机的温情贺岁短片《三分钟》，都是其中非常优秀的代表。

做好内容营销的基础是深入了解目标客户，包括他们的需求、兴趣和偏好。通过市场调研和用户分析，创建与受众相关且有价值的内容。根据目标受众的特点，确定内容主题和类型，并生产高质量、引人入胜的内容。

内容营销，"内容"是核心。发布的内容要有吸引力，应有独特个性和价值观，使品牌与众不同，还要具有实用性和可分享性，并且确保内容具有一致性和连贯性。企业应尽可能制作多种形式的内容，如文字、图像、音频、视频等，以满足不同受众的消费偏好。

制作好的内容可通过社交媒体、短视频平台、电子邮件、搜索引擎优化等渠道广泛传播和推广，增加其曝光度。发布后，还要鼓励受众参与评论、分享和互动，积极回应他们的反馈和问题，建立良好的互动关系，并根据内容的表现和受众的反应，进行优化和改进。

内容营销是一个长期的过程，需要持续投入和耐心。通过提供有价值的内容，企业可以与受众建立信任、加强互动，最终促进品牌的提升和业务的成功。

(三)搜索引擎营销

搜索引擎营销也是一种直接且有效的推广策略。搜索引擎是消费者获取信息的重要途径，通过优化网站关键词，提高网站或产品在搜索引擎中的排名，能够增加网站或产品的流量和曝光度，使企业的网站或产品更容易被用户找到。百度推广就是一种典型的搜索引擎营销方式，企业可以根据自身需求设置关键词和推广预算，实现精准营销。

搜索引擎营销主要有以下几个关键步骤。

1. 关键词研究

深入了解你的目标受众在搜索引擎上使用的关键词，选择与你的产品或服务相关的高搜索量和低竞争度的关键词。

2. 全面优化

确保企业网站结构良好，内容质量高，并且针对关键词进行了优化，包括标题标签、描述标签、页面内容等。

3. 广告推广

针对不同的广告平台，如百度推广、谷歌广告等，制订有针对性的广告计划，根据关键词出价，提高网站或内容在搜索结果中的曝光率。

4. 关注质量得分

关注搜索引擎广告的质量得分，通过提高广告相关性、点击率和用户体验，降低广告成本并提高排名。

5. 数据分析和优化

定期分析搜索引擎营销数据，包括关键词效果、点击率、转化率等，根据数据进行优化和调整策略。

6. 移动优化

随着移动搜索的增加，确保你的网站和广告在移动设备上具有良好的用户体验。

虽然在数字化经济营销中，社交媒体营销和内容营销是主流，搜索引擎营销的重要性已有所下降，但作为流量的重要来源，搜索引擎营销仍然有不可替代的价值。

（四）大数据与个性化营销

大数据与个性化营销是当今营销领域中的重要概念和策略。大数据指的是大规模、高速增长和多样化的数据集，通过对这些数据的收集、分析和应用，可以获得有价值的洞察和信息。个性化营销则是根据每个消费者的个体特征、偏好和行为，为他们提供量身定制的营销体验。

大数据与个性化营销的结合，使企业能够更好地了解消费者，实现精准营销和个性化服务。通过大数据分析，企业可以收集和分析消费者的购买历史、浏览行为、社交媒体活动等数据，从而深入了解他们的兴趣、需求和偏好。基于这些洞察，企业可以针对不同的消费者群体或个体，制定个性化的营销策略。

个性化营销的目的是提供与消费者需求和兴趣高度匹配的内容和产品，从而提高消费者的满意度和忠诚度。它能够增强消费者与品牌之间的互动和联系，提升营销效果和销售业绩。

大数据与个性化营销不仅适用于互联网企业，还适用于传统企业。以传统制衣企业优衣库为例，优衣库是少数能够成功实现零库存的快时尚品牌之一。其系统化、高容错和低错误率的业务模式，得益于大数据的收集和精确分析。多年来，优衣库的员工一直维护着每日数据，如每日销售数据等，通过分析数据，制定出相应的产销策略，降低成本，提高容错率，最终实现零库存。

大数据与个性化营销的实施需要技术和数据分析的支持，同时要确保数据的合法性和隐私保护。通过合理利用大数据和个性化营销策略，企业能够更好地满足消费者的需求，提升品牌竞争力和客户满意度。

需要指出的是，以上四类数字化营销策略并非是孤立的，而是可以综合运用的，企业应在实践中探索出适合自身的最佳组合策略，以降低营销成本，提升营销效果。

三、数字化经济营销的效果评估和优化

数字化经济营销需要不断对效果进行评估和优化。

评估主要是要了解两方面内容：一是营销活动的实际效果，包括品牌知名度的提升、销售额的增长、客户获取和留存等关键指标，有助于确定营销策略是否达到了预期的目标；二是了解不同营销渠道和策略的效果，可以帮助企业合理分配资源，将更多的资金和精力投入到最有效的渠道和活动中，以提高营销的投资回报率。

效果评估提供了有关营销活动的数据和结论，使企业能够基于客观数据做出决策，而不仅仅是凭直觉或经验。通过效果评估，可以揭示营销活动中可能存在的问题和挑战，如目标受众定位不准确、广告内容不吸引人等。通过优化，企业可以适应市场环境和消费者行为的不断变化。效果评估和优化，使企业能够及时调整营销策略，以适应新的市场动态和消费者需求，提升营销的效果和效率。在激烈的市场竞争中，持续优化营销效果还可以帮助企业在竞争中脱颖而出，吸引更多的客户，提高市场份额。

（一）数字化经济营销的效果评估

评估数字化经济营销的效果可以从以下几个方面进行。

1. 目标达成情况

根据设定的营销目标，如品牌知名度提升、销售增长、用户增长等，评估实际达成的效果。对比目标与实际结果，判断营销活动是否达到预期。

2. 数据分析

利用数据分析工具，对网站流量、转化率、用户参与度等关键指标进行监测和分析。通过数据洞察，了解用户行为和反馈，评估营销活动的效果。

3. 销售业绩

观察销售数据的变化，如销售额、订单量、客户单价等，评估营销活动对业务增长的直接影响。

4. 用户反馈

收集用户的反馈和意见，通过问卷调查、用户评价、社交媒体评论等方式，了解用户对营销活动的看法和体验。用户的反馈可以直接反映营销活动的效果。

5. 竞争对手比较

与竞争对手的表现进行对比，了解企业在市场中的位置和优势。通过比较，可以评估营销活动的相对效果。

6. 投资回报率

计算营销活动的投资回报率，考虑成本与收益的比例。投资回报率可以帮助判断营销活动的经济效益。

7. 品牌影响力

评估品牌在社交媒体、搜索引擎等平台上的曝光度、口碑和声誉变化，了解品牌影响力的提升情况。

8. 持续监测和改进

建立长期的监测机制，定期评估营销效果，及时发现问题并进行优化改进，不断调整和完善营销策略，以提升效果。

9. 多维度分析

综合考虑不同维度的指标和数据，如线上、线下相结合的营销活动效果，以及不同渠道的贡献等，从而进行全面的效果评估。

需要注意的是，评估数字化经济营销的效果应根据具体的业务目标和情况进行定制化的指标和分析。同时，结合行业标准和最佳实践，不断优化评估方法，以确保准确评估营销活动的效果，并为决策提供有力支持。

（二）数字化经济营销的优化

根据数字化经济营销的评估效果，可以采取以下优化措施。

1. 数据驱动的决策

按照渠道、产品、地域等将数据以不同的维度进行细分，针对关键指标，进行深入分析，观察指标的变化趋势、平均值、极值等，比较不同细分群体之间的表现，找出表现良好的时期或场景，以及需要改进的方面。基于数据洞察，找到差异和潜在的机会，制定更精准的营销策略和决策。

2. 目标定位优化

根据评估结果，调整目标受众的定位，确保营销活动更精准地触达潜在客户，提高营销效果。

3. 内容优化

根据用户反馈和数据分析，优化营销内容，使其更具吸引力、相关性和个性化，以提高用户参与度和转化率。

4. 渠道选择和分配

根据不同渠道的效果评估，合理调整营销资源的分配，增加在有效渠道上的投入，减少在效果不佳渠道上的浪费。

5. 用户体验提升

关注用户在营销活动中的体验，优化网站界面、用户流程等，提高用户满意度和转化率。

6. 测试和实验

进行 A/B 测试或其他试验，比较不同策略和方案的效果，找到最优的营销方法。

7. 个性化营销

利用用户数据和行为分析，开展个性化的营销活动，提供个性化的产品推荐和服务，增加用户的参与度和购买意愿。

8. 实时监测和调整

建立实时监测机制，及时发现问题并进行调整，确保营销活动始终保持良好的效果。

9. 跨渠道整合

整合不同营销渠道，形成协同效应，提高营销效果和品牌影响力。

优化是一个持续的过程，需要不断地根据评估结果进行调整和改进。通过有效的优化措施，可以提高数字化经济营销的效果，实现更好的业绩。

四、案例分析：拼多多基于社交的电子商务营销策略

拼多多是一家成立于 2015 年的中国电子商务平台，以其独特的社交拼团模式和低价策略迅速崛起。拼多多通过鼓励用户邀请朋友一起拼团购买商品，实现了更低的价格和更高的用户参与度。

拼多多在中国市场取得了巨大的成功，并迅速扩大了用户基础，这得益于其对消费者需求的深刻理解。它提供了广泛的商品种类，包括日用品、服装、电子产品、食品等，这些商品通常以低价吸引消费者，满足了广大消费者对性价比的追求，尤其受到价格敏感型用户的欢迎。同时，拼多多还通过大规模的补贴和优惠活动，吸引了大量用户。

在技术方面，拼多多投入大量资源研发智能推荐算法，根据用户的购买历史和兴趣偏好，为他们提供个性化的商品推荐。这不仅提高了用户的购物体验，还增加了用户的购买转化率。此外，拼多多还非常重视供应链管理和物流配送。它与众多供应商合作，确保商品的质量和供应稳定。同时，通过优化物流配送流程，拼多多能够实现快速的商品交付，提高用户满意度。

2023 年，拼多多的全年营收为 2 476 亿元，利润超过 600 亿元。截至 2024 年 1 月，拼多多的市值为 1 686 亿美元，直逼阿里巴巴集团的 1 804 亿美元；同时，拼多多位列《2023 胡润中国 500 强》第 5 位。

拼多多的商业模式主要基于低价团购策略和社交电子商务概念。

拼多多以提供低价商品为特点，吸引了对价格敏感的消费者。拼多多的低价策略主要是通过两方面来实现的。一方面，通过 C2M（Custormer to Manufacturer，从消费者到制造商）模式形成规模效应，以获得较低的采购成本并降低库存风险，这些成本优势最终转化为更低的商品价格；另一方面，鼓励用户通过拼团的方式购买商品，使用户可以邀请朋友、家人或其他用户一起参与团购，这种模式不仅扩大了用户群体，还实现了更低的价格和更大的购买力。

邀请他人完成团购，离不开社交互动，而社交电子商务正是拼多多与其他电子商务平台最根本的区别。在数字化时代，社交电子商务已成为一种新兴的营销趋势。拼多多凭借其独特的社交电子商务营销策略，在竞争激烈的电子商务市场中脱颖而出。

拼多多巧妙地利用了社交媒体的力量，将社交与购物相结合，打造了一种全新的购物体验。通过鼓励用户分享商品链接、邀请好友拼团，拼多多实现了用户之间的互动和传播。这种社交分享的机制不仅增加了商品的曝光度，还利用了社交网络的口碑传播效应，吸引了更多潜在用户的关注和参与。

拼多多的营销模式，如图 10-1 所示。

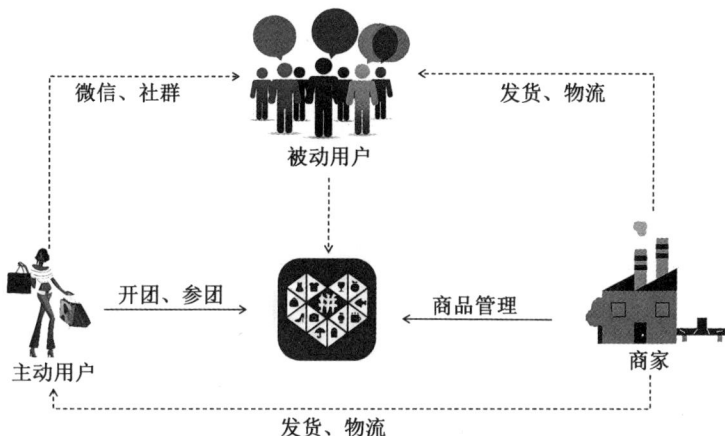

微信、社群　　被动用户　　发货、物流

主动用户　开团、参团　　商品管理　　商家

发货、物流

图 10-1　拼多多的营销模式

为了提高用户的参与度和忠诚度，拼多多还设计了一系列的互动活动和游戏。例如，用户可以通过完成任务、打卡签到等方式获得奖励和优惠，增加了用户在平台上的停留时间和参与度。这种互动性的设计使购物过程更加有趣和富有挑战性。此外，拼多多还通过限时折扣、优惠券等促销手段，进一步刺激用户的购买决策。

此外，拼多多精准的用户画像和个性化推荐也是其营销策略的重要组成部分。通过大数据分析和用户行为洞察，拼多多能够根据用户的兴趣、偏好和购买历史，为用户提供个性化的商品推荐，提高了购买的精准度和转化率。

值得一提的是，拼多多在社交电子商务营销中非常注重用户体验。平台致力于提供简单易用的界面和便捷的购物流程，同时加强了对商品质量和售后服务的管理，确保用户能够享受到优质的购物体验。例如，拼多多推出的"仅退款"服务，让老牌电子商务巨头阿里巴巴和京东都感受到了强大的压力，不得不跟进推出同样的服务。

拼多多的社交电子商务营销策略通过社交分享、团购模式、互动活动、个性化推荐等多种手段，在线上消费市场，尤其是三线以下城市和广大的农村市场赢得了较高的影响力，成功地吸引了大量用户，并在电子商务领域取得了显著的成绩。

第十一章　数字化经济的数据管理

在数字化经济中，数据管理和分析的重要性不可忽视。有效的数据管理确保了数据的质量和安全性，而深入的分析则能揭示隐藏的洞察，为决策提供有力支持。通过数据驱动的决策，使企业能更好地满足客户需求，优化运营，提升竞争力。同时，数据分析也促进了创新，开启了新的商业机会。因此，掌握数据管理和分析，就是掌握数字化经济的未来。

一、数字化经济数据的价值和特点

在数字化时代，数据已成为一种新的经济资源，具有巨大的价值。数字化经济数据的价值不仅体现在商业领域，也深刻影响着社会的各个方面。

数字化经济数据为企业提供了有价值的洞察。通过分析大量的消费者数据，企业可以更好地了解市场需求和消费者行为，从而优化产品设计、精准营销和提供个性化服务。数据分析还可以帮助企业识别潜在的商业机会，预测市场趋势，做出明智的决策，提高运营效率和竞争力。

对于政府来说，数字化经济数据也是制定政策和规划的重要依据。政府可以利用数据来评估经济状况、监测市场动态、制定产业政策，以及优化公共服务。例如，交通流量数据可以帮助城市规划更高效的交通系统，能源消耗数据可以指导节能减排政策的制定。

数字化经济数据还对科学研究和创新产生重大影响。科研人员可以借助大数据分析和机器学习技术，从海量数据中发现新的规律和模式，推动科学进步。此外，数据驱动的创新使新的商业模式和应用场景不断涌现，为经济增长和社会发展带来新的动力。

然而，数据价值的凸显，也带来了一系列的数据和隐私安全保护问题。数据泄露、滥用等风险威胁着个人和企业的权益。因此，建立健全的数据保护法律法规和监管机制至关重要，同时，企业和个人也需要加强数据安全意识，采取相应的安全措施来保护数据。

此外，数据的公平访问也是需要关注的问题。确保数据的公平使用，避免数据垄断和不公平竞争，同时提高数据的可访问性，让更多人能够从数据中受益，促进数据的共享和利用。

在数字化经济中，充分挖掘和利用数据的价值是关键。这需要技术的支持、法律的保障和社会的共识。只有在确保数据和隐私安全的前提下，才能更好地实现数据的价值，推动数字化经济的可持续发展。

数字化经济数据的价值不可估量，它为企业、政府和社会带来了前所未有的机遇和挑战。我们应该积极拥抱数据时代，加强数据管理和分析能力，同时注重数据安全和隐私保护，以充分释放数据的潜力，创造更大的经济和社会价值。

理解和把握数字化经济数据的特点对于充分挖掘数据的价值至关重要。数字化经济数据具有以下几个显著特点。

其一，大量性。随着信息技术的飞速发展，数字化经济产生的数据量呈现出爆炸式增长态势。企业、政府和社会各个领域都在不断产生海量的数据，包括交易数据、用户行为数据、物联网数据等。如此庞大的数据量为数据分析和挖掘提供了丰富的素材，但同时也对数据处理和存储提出了更高的要求。

其二，多样性。数字化经济数据来源广泛，形式多样。它包括结构化数据，如数据库中的表格数据，也包括非结构化数据，如图像、音频、视频等。此外，还有半结构化数据，如 XML（Extensible Markup Language，可扩展标记语言）和 JSON（Java Script Object Notation，一种轻量级数据交换格式）格式的数据。数据的多样性要求数据处理技术具备强大的兼容性和适应性。

其三，高速性。在数字化经济中，数据的产生和传输速度非常快。实时数据的分析和处理成为许多应用场景的关键需求。例如，金融交易中的实时行情分析、物流配送中的实时位置追踪等。高速的数据处理能力能够帮助企业及时做出决策，抓住商机。

其四，价值密度低。尽管数据量巨大，但其中有价值的信息可能只占一小部分。在海量数据中筛选出有价值的数据，并进行精准分析和挖掘，成为数据处理的重要任务。

其五，真实性和可靠性。数据的质量和真实性直接影响到数据分析的结果和决策的准确性。因此，确保数据的真实性和可靠性是数字化经济数据的重要特点之一。数据的收集、存储和传输过程中需要采取相应的技术和措施来保证数据的完整性和准确性。

其六，关联性。数字化经济数据之间往往存在着复杂的关联关系。通过对多个数据集的综合分析，可以发现隐藏在数据背后的规律和趋势。这种关联性的分析能够为企业提供更全面、深入的洞察，助力企业做出更精准的决策。

其七，可变性。数字化经济数据的特点还包括数据的可变性。随着时间的推移和业务的发展，数据的内容和形式可能会发生变化。因此，数据管理和分析系统需要具备良好的可扩展性和适应性，以应对数据的变化。

二、数字化经济数据管理的原则和方法

在数字化时代，经济数据管理变得越来越重要。有效的数字化经济数据管理不仅能够提供准确、及时的信息，还能支持决策制定、促进创新，并提升企业的竞争力。

(一)数字化经济数据管理的内容

1. 数据质量

数据的质量是数字化经济数据管理的基石。确保数据的准确性、完整性、一致性、时效性、可靠性和安全性、规律性和可维护性、透明度是至关重要的。

数据的准确性是数据质量的核心原则。准确性意味着数据必须是真实可靠的，没有错误或偏差。在数据收集、录入和处理过程中，必须建立严格的质量控制机制，以确保数据的准确性。这包括验证数据的来源、进行数据清洗和纠错，以及定期审查和更新数据。

完整性是另一个重要的原则。完整性要求数据不存在缺失或遗漏，所有相关的数据字段都应被完整地记录。数据的完整性对于全面了解和分析经济活动至关重要，因为不完整的数据可能导致不准确的结论和决策失误。

一致性原则也不可忽视。数据在不同系统或数据源之间应保持一致，避免出现不一致或矛盾的情况。一致性有助于确保数据的可信度和可比较性，

使得数据分析和决策更加可靠。

数据的时效性也非常关键。经济数据往往随着时间的推移而发生变化，因此数据应及时更新，以反映最新的情况。过时的数据可能会误导决策，导致不良的经济后果。

为了确保数据质量，还需要考虑数据的可靠性和安全性。数据应来自可靠的来源，并采取适当的安全措施保护数据免受未经授权的访问、篡改或泄露。只有在数据具备可靠性和安全性的前提下，才能进行有效的分析和决策。

数据的规范性和可维护性也是数据质量原则的重要方面。数据应遵循一定的标准和规范，便于数据的共享和集成。而且，数据应具备可维护性，便于进行数据的清理、纠错和更新，以确保数据的持续质量。

此外，数据的透明度对于数据质量也至关重要。数据的来源、处理方法和质量状况应该是清晰可见的，使用者能够理解和信任数据的真实性和可靠性。

2. 数据安全

随着大量的经济数据被数字化和存储，确保这些数据的安全是数据管理的关键任务。

数据安全要求数据应保持完整，不得未经授权进行修改或破坏，这意味着数据在传输和存储过程中应保持其原始状态，防止数据的篡改、丢失或损坏。数据中的敏感经济数据应受到特别保护，只有授权的人员或实体能够访问和使用，应采取适当的加密技术和访问控制措施，如用户认证和授权机制，以确保数据不被未授权的第三方获取或泄露。

需建立合理的备份、恢复和容错机制，采用多层安全措施，包括网络安全、系统安全、应用安全和数据安全等层面。不同层次的安全措施相互配合，提供综合的安全保护。

3. 数据治理

数据具有生命周期，从数据的产生、收集、处理、存储到最终的销毁或归档。数据治理应涵盖整个数据生命周期，制定相应的策略和流程，以实现数据的有效管理和利用。建立完善的数据治理框架是实现有效数据管理的重要保障。数据治理框架应包括明确的策略、治理结构、职责分工、流程规范和绩效考核等，以确保数据的有效管理和合规性。

首先，要保证数据质量，数据质量管理机制包括数据清洗、验证、纠错和监控等环节，以确保数据的准确性、完整性和一致性；其次，在数据治理中，必须确立严格的数据安全策略，包括数据加密、用户认证、访问控制和数据备份等措施，以防止数据泄露、篡改和丢失；最后，数据的可用性也是数据治理的重要内容，数据治理的目的是确保数据在需要时能够及时、准确地获取和使用，因此，有效的数据管理体系应包括数据存储、索引、检索和共享机制，以提高数据的可用性和效率。

随着《中华人民共和国个人信息保护法》的颁布，保护数据隐私变得尤为重要，企业和组织需要遵循相关法规，明确数据的使用目的和权限，确保数据的收集、处理和存储符合法律要求，并尊重用户的隐私权。

4. 数据整合

数字化经济时代，数据量的剧增和数据来源的多样化要求要对不同数据源的数据进行整合，以获得全面和一致的结果，从而支持更好的分析和决策。下面列举的是数据整合工作中所应遵循的原则。

（1）一致性原则

数据整合的首要原则是确保数据的一致性。在多个数据源中，同一数据应该具有相同的定义、格式和语义。一致性的数据有助于避免数据混淆和错误解读，提高数据分析的准确性和可靠性。

（2）准确性原则

准确的数据是数据整合的基础。在整合过程中，需要对数据进行清洗和验证，确保数据的准确性和完整性。错误或不准确的数据可能导致错误的决策和业务结果。

（3）完整性原则

完整的数据才能提供全面的信息。数据整合应该涵盖所有相关的数据，包括主数据、交易数据、参考数据等。完整性原则有助于更好地理解和分析业务情况，支持更准确地决策。

（4）及时性原则

在数字化经济中，数据的价值往往随着时间的推移而降低。因此，数据整合需要及时地获取和处理数据，以保证数据的时效性。及时的数据整合有助于企业更快地响应市场变化和客户需求。

(5)标准化原则

为了实现不同系统和数据源之间的有效整合，需要遵循统一的标准和规范。标准化的数据格式、数据模型和接口能够降低数据整合的复杂性，提高数据交换和共享的效率。

(6)安全性原则

数据整合过程中，数据的安全性至关重要。必须采取适当的安全措施来保护数据的机密性、完整性和可用性，防止数据泄露和未授权的访问。

(7)有效性原则

数据整合的目的是为了提供有价值的信息和见解。因此，整合后的数据应该是有效的，能够支持业务决策和运营。无效或低质量的数据应该被识别和处理，以避免对决策的误导。

(8)可扩展性原则

随着业务的发展和变化，数据整合系统需要具备良好的可扩展性。灵活的架构和模块化设计能够方便集成新的数据源和应用程序，适应不断变化的业务需求。

5. 数据隐私

在数据管理过程中，保护个人和企业的数据隐私的重要性不言而喻。

数据管理必须在法律法规的框架内进行，确保数据的收集、使用、存储和共享等活动符合相关法律要求。企业应密切关注数据保护法律法规的变化，及时调整数据管理策略，以避免法律风险。

企业应仅收集和处理实现目的所必需的最少数据量，避免过度收集和存储个人敏感信息，降低数据泄露的风险。在收集和使用数据时，必须明确数据的用途，过程应保持透明，并告知数据主体其数据如何被处理，包括数据共享对象、数据安全措施等信息。收集的数据应与目的直接相关，不得超越既定目的范围使用数据。同时，要赋予数据主体对其个人数据一定的控制权，如访问、更正、删除等权利，使用户能够管理自己的数据。

保护数据隐私必须要采取适当的技术和管理措施，确保数据的安全性和完整性，防止数据遭到未经授权的访问、篡改或泄露，并明确数据管理各方的责任，包括企业自身、数据处理者等，对数据隐私问题承担相应的法律责任。

(二)数字化经济数据管理的步骤

1. 明确收集目的和手段

在开始数据收集之前，要先明确收集数据的目的，有助于确定需要收集哪些数据、采用何种收集方法，以及如何分析和使用所收集的数据。根据收集目的，确定合适的数据源。数据源包括内部数据库、问卷调查、实验观察、互联网搜集等。

2. 按计划进行收集

数据收集需要制定详细的收集计划，包括时间安排、人员分配、资源需求等。确保计划合理可行，并且能够按照预定的时间表进行数据收集。按照选定的收集方法和计划收集数据时，要注意数据的准确性和完整性，尽量避免错误和遗漏。

对于不同的数据源，可能需要采用不同的收集方法和工具，例如：线上、线下问卷调查，访谈，传感器物理收集，利用网络爬虫工具、数据库工具等进行数据挖掘等。

3. 对数据进行清洗和存储

收集数据后，需要对数据进行清洗和验证，包括检查数据的一致性、逻辑性，删除重复或无效的数据，纠正数据中的错误和缺失值，提高数据的质量和可信度。常见的数据清洗工具有 OpenRefine、Trifacta、Data Wrangler、Excel 等，这些工具可用于数据纠错、格式转换、数据标准化、重复项删除、字段合并、排序和筛选等。

清洗后的数据，要选择适当的数据库和存储技术，根据数据的性质和使用需求进行有效的存储和管理，确保数据的安全性和可访问性。同时，企业应建立良好的数据管理制度，包括数据备份、数据更新等。

4. 分析和可视化数据

收集到的数据只有经过分析才能指导决策，利用数据分析工具和技术，挖掘数据中的模式、趋势和关系，以支持决策制定和获取业务洞察力。如果需要进行预测或分类等任务，可以建立相应的模型。在建立模型后，需要进行验证和评估，以确保模型的准确性和可靠性。

较为基础的数据分析工具有 Excel，可进行数据清洗、统计分析、建模等；复杂操作的有 Python；适用于查询、汇总和操作结构化数据的有 SQL(Structured Query Language，结构化查询语言)；适用于处理海量数据和分布式计算的有 Hadoop 和 Spark；可用于流量分析、用户行为分析的有 Google Analytics；专门用于数据分类、聚类、关联规则等挖掘任务的有 WEKA 和 KNIME 等。常见的分析方法包括描述性统计、相关性分析、回归分析、聚类分析、分类分析等。

分析的结果需要以直观的方式展示出来，如图表、报表等，以便更好地理解和传达数据中的信息，这就是数据的可视化。通过数据探索和可视化，对数据进行初步的了解和分析。使用图表和统计指标来观察数据的分布、趋势、关系等。这有助于发现数据中的异常值、模式和潜在的问题。Tableau 和 Power BI 是比较常用的可视化分析工具，能够将数据以直观的图表形式展示出来，帮助用户快速洞察数据中的模式和趋势。

需要注意的是，在数据收集过程中，要遵守相关的法律法规和道德规范，确保数据的合法性和隐私性。此外，数据收集是一个迭代的过程，需要定期监测数据质量和数据管理流程的效果，并根据实际情况进行调整和改进。

三、案例分析：阿里巴巴集团通过数据驱动决策提升业务绩效

阿里巴巴集团是一家全球知名的电子商务企业，成立于 1999 年，总部位于中国杭州。阿里巴巴集团通过旗下的多个平台和业务，改变了人们的购物方式和商业模式。2023 年，阿里巴巴集团全年营收为 8 686.87 亿元，净利润为 655.73 亿元，在世界 500 强企业中排名第 68 位。

阿里巴巴集团的核心业务包括淘宝、天猫、支付宝等。淘宝是中国最大的 C2C(Consumer to Consumer，从个人到个人)电子商务平台，提供了海量的商品种类和便捷的购物体验。天猫则是面向品牌和零售商的 B2C(Business to Consumer，从企业到消费者)电子商务平台，许多国内外知名品牌都在天猫上开设了官方旗舰店。支付宝是中国领先的第三方支付平台，为电子商务交易提供安全便捷的支付解决方案。

除了电子商务和支付业务，阿里巴巴集团还涉足云计算、数字媒体和娱乐、物流等多个领域。阿里云是全球领先的云计算服务提供商之一，为企业提供可靠的云计算基础设施和技术解决方案。此外，阿里巴巴集团还投资和

收购了许多公司，进一步扩大了其业务版图。

阿里巴巴集团的成功得益于其创新的商业模式、强大的技术实力和庞大的用户基础。公司始终致力于通过技术创新和数字化转型，推动商业的发展和升级。同时，阿里巴巴集团也注重社会责任，积极参与公益事业和可持续发展。

在数字化的时代，数据已经成为企业决策的关键因素之一。阿里巴巴集团作为全球领先的电子商务企业，充分利用数据驱动决策，不断提升业务绩效，实现了持续的增长和创新。

阿里巴巴集团通过大数据分析深入了解消费者行为，从而制定更精准的营销策略。他们收集和分析海量的用户数据，包括购买历史、搜索偏好、评价反馈等，以洞察消费者的需求和喜好。基于这些数据，阿里巴巴集团能够进行定向广告投放，精准地推荐产品，优化营销策略，并提供个性化的用户体验，提高营销效果和购买转化率。这种有针对性的决策使得阿里巴巴集团能够更好地满足消费者的需求，提高客户满意度和忠诚度，进而提升业务绩效。

阿里巴巴集团还利用数据驱动决策来改进产品和服务。通过分析用户的反馈和评价，可以及时发现问题和改进点，迅速进行产品迭代和优化。同时，数据还可以为新产品的研发提供灵感和方向，数据可以为阿里巴巴集团的产品研发提供重要的线索和方向。通过分析用户反馈和市场需求数据，企业能够发现潜在的机会，进行创新，并及时推出符合用户需求的新产品和功能，满足市场的潜在需求。

此外，数据驱动决策还支持精准的市场预测和战略规划。阿里巴巴集团通过数据分析预测市场需求的变化、行业趋势和竞争态势，使企业能够提前调整战略，抓住市场机会，规避风险，保持竞争优势。

淘特的诞生，就是阿里巴巴集团数据驱动决策的典型案例。近年来，拼多多凭借低价策略和社交电子商务模式迅速崛起，对阿里巴巴、京东这些老牌电子商务平台产生了巨大冲击。经过数据的收集和分析，阿里巴巴集团认为淘宝原有的 C2C 店铺模式，本质上是个人与小型企业(代理商居多)的电子商务模式，价格方面没有拼多多有优势。所以，阿里巴巴集团于 2020 年推出了以 C2M 定制商品为核心供给的新平台——淘宝特价版，之后品牌升级更名为"淘特"。

C2M 模式是指用户直接与制造商连接，也就是消费者直达工厂，其重点在于制造业与消费者的有效对接。利用庞大的计算机系统实时进行数据交互，依据客户的产品订单需求，确定供应商和生产工序，从而实现生产个性化产品的工业化定制模式，主要特点包括纯柔性生产、小批量多批次的快速供应链反应。C2M 模式跳过了库存、物流、总销、分销等中间环节，削减了包括库存在内的一切不必要成本，使用户能够以超低价格购买超高品质的产品，同时让中国制造业直接面对用户需求，用直接为厂家开启零售模式的方式来对标拼多多。目前，淘特的活跃用户已超过 3 亿，成为继拼多多之后消费者又一个购买低价商品的选择。

阿里巴巴集团的电子商务平台涉及众多供应商和物流合作伙伴，数据驱动决策有助于优化供应链和物流管理。通过数据分析，可以实时监控库存水平、物流时效和运输成本。借此，阿里巴巴集团能够做出明智的供应链决策，如合理的库存调配、优化物流路线，从而降低成本、减少库存积压和缺货情况，并确保产品的及时交付，提高供应链效率。

在 2008—2017 年的 10 年间，规模以上异地件快递量复合增速 39.5%。网购的快速发展带来了快递量的暴增，但快递业服务质量亟待提升。通过对未来市场发展的预测，京东自建物流提升配送体验，而阿里巴巴集团打造平台化的菜鸟网络应对竞争。

投资方面，阿里巴巴集团协同菜鸟在物流多领域持续投资，投资包括快递企业、落地配企业、即时配企业、仓储企业、供应链服务企业、国内外大型物流企业等，基本覆盖物流行业的所有领域。

战略方面，阿里巴巴集团于 2018 年推出"一横两纵"，突出数智化趋势。"一横"指快递行业数字化升级，主要利用物联网、智能分单等数字化技术，推动行业数智化转型，持续为各个节点赋能，提升行业效率；"两纵"指围绕新零售的智慧供应链能力(包括供应链服务、仓配网络和零售通等)和全球化的供应链能力，其企业愿景是"全国 24 小时必达，全球 72 小时必达"。

菜鸟驿站是为解决最后 100 米问题而推出的实体服务平台，也是阿里巴巴集团物流与消费者之间的关键节点，在提升物流体验的同时尝试构建新的生态系统。目前，全国有超过 4 万个菜鸟驿站，包括便利店、社区站点和校园驿站等。菜鸟驿站主要提供包裹寄存和代寄服务，存件享受免费保管、丢失必赔等服务。通过吸引人们取寄快递，菜鸟驿站在实现物流功能的基础上，还可以附加其他业务生态，如在驿站内销售商品，从而形成人流的良性循环。

由此可见，菜鸟从成立之初就不是一家物流公司，而是涵盖投资、科技赋能、后端服务的科技公司。当前，菜鸟已全面嵌入阿里巴巴集团电子商务系统，以数智化科技为快递行业赋能，成为阿里生态的重要组成部分。

总体而言，阿里巴巴集团的数据驱动决策模式为企业提供了宝贵的经验和启示。通过充分利用数据洞察，优化各个业务环节，提升用户体验，以及精准预测和规划，阿里巴巴集团不断取得业务绩效的提升。其他企业可以借鉴阿里巴巴集团的经验，积极探索和应用数据驱动决策，以迎接数字化时代带来的挑战和机遇。

第十二章　数字化经济的创新文化和人才管理

随着信息技术的飞速发展，数字化经济已经成为全球经济增长的新引擎。在数字化经济时代，创新文化和人才管理的重要性日益凸显。在这一背景下，企业必须积极拥抱创新文化，注重人才管理，以便在激烈的市场竞争中脱颖而出。

创新文化是数字化经济发展的核心动力。在数字化时代，市场变化迅速，消费者需求多样化，企业需要不断推陈出新，才能满足市场需求并保持竞争力。创新文化是培养员工创新能力和创造力的关键。一个鼓励创新、容忍失败的企业文化能够激发员工的创新潜能，使他们敢于尝试新的想法和方法。此外，企业还应建立开放的创新平台，促进内部各部门之间的沟通与合作，以便更好地整合资源，推动创新成果的转化。

人才管理是数字化经济发展的重要支撑。在数字化经济中，人才是企业最宝贵的资产。具有数字化素养和技能的人才能够帮助企业更好地应对市场变化，推动业务转型升级。因此，企业需要加强人才管理，吸引和留住优秀人才。这包括提供有吸引力的薪酬福利、良好的工作环境和发展机会等。同时，企业还应注重人才的培养和培训，不断提升员工的技能水平和综合素质，以适应数字化经济的发展需求。

一、数字化经济创新文化的特点

在数字化时代，创新文化呈现出一些独特的特点，不仅推动了数字化经济的快速发展，也为企业和社会带来了深刻的变革。

1. 开放与合作

数字化经济创新文化强调开放与合作。开放的环境促进了信息的共享和知识的传播，使创新者能够更容易地获取资源和灵感。通过互联网和社交媒体，创新者可以与全球的同行进行交流和合作，加速创新的进程。合作不仅仅局限于企业内部，还包括与外部的合作伙伴、科研机构、政府等各方的协同创新。

2. 快速迭代与实验

数字化经济中的创新文化追求快速迭代和实验。由于市场变化迅速，企业需要迅速推出产品和服务，并根据用户反馈不断进行改进。这种快速迭代的模式要求创新者具备敏捷的思维和高效的执行能力，能够快速调整和优化产品。同时，实验精神也使创新者敢于尝试新的想法和技术，不怕失败，从失败中吸取经验教训。

3. 数据驱动决策

数据在数字化经济中扮演着至关重要的角色。创新文化注重数据的收集、分析和应用，以支持决策制定。通过大数据和数据分析技术，企业可以更好地了解市场需求、用户行为和趋势，从而精准地进行创新和产品开发。数据驱动决策模式提高了创新的成功率，并能够及时调整战略。

4. 用户体验至上

用户体验成为数字化经济创新文化的核心关注点。创新者更加注重满足用户的需求和期望，致力于提供便捷、个性化的产品和服务。以用户为中心的设计理念和方法得到广泛应用，通过深入了解用户的痛点和需求，创新者能够创造出更具价值的解决方案。

5. 包容失败和鼓励创新

数字化经济创新文化包容失败，并将其视为学习和成长的机会。创新过程中难免会遇到挫折和失败，但失败被看作是成功的一部分。这种文化鼓励创新者大胆尝试新的想法，勇于突破传统，不怕失败。同时，组织也为创新者提供了相对宽松的创新环境，允许他们犯错并给予支持。

建立数字化经济创新文化的关键是要有领导者的支持与示范，只有领导者积极倡导创新文化，并以身作则，鼓励员工提出新的想法，提供资源和支持，对失败持有宽容的态度，认识到创新过程中失败是不可避免的，从失败中吸取经验教训，鼓励员工再次尝试，企业数字化经济创新文化的建立才有保障。

建立数字化经济创新文化要鼓励员工的创新思维，可以组织培训和研讨会，帮助员工提升创新能力、数据分析和处理能力。应为员工提供必要的技术、工具、资金和资源支持，支持他们进行创新尝试，鼓励团队在实验和试错中学习，采用敏捷开发和快速迭代方法，不断改进产品和服务。对于有成果的创新者，应依据相应的激励机制给予表彰，以营造积极的创新氛围。

通过以上策略的实施，企业可以逐渐建立起数字化经济创新文化，激发员工的创新潜力，提高企业的竞争力和创新能力。

二、数字化经济人才管理面临的挑战和应对策略

在数字化经济蓬勃发展的今天，构建创新文化的人才管理面临着一系列严峻挑战。这些挑战不仅对企业的发展产生深远影响，也对人才管理提出了更高的要求。

数字化时代，技术的演进日新月异。数字化经济的创新往往需要跨领域的技能和知识。人才不仅要在专业领域有深度，还要具备跨学科的广度。然而，寻找具备跨领域技能的人才并非易事。人才必须不断学习和更新知识，以紧跟技术的步伐。然而，培训和知识更新的速度常常难以跟上技术进步的速度，这可能导致人才在技术上的滞后。培养这样的创新人才更需要耗费时间和资源。

在数字化经济中，人才的流动性相对较高。数字化经济的全球化特性也使企业面临来自全球的竞争，竞争对手可能以更优厚的薪酬和更好的发展机会抢走关键人才，吸引和留住优秀人才成为企业面临的重大挑战，因此企业不仅需要不断提升自身的吸引力，而且要应对不同文化背景、工作习惯和法律法规等多方面的差异。

吸引和留住人才需要有效的激励机制。传统的绩效评估和激励机制可能无法完全适应数字化经济创新文化的需求。如何准确评估人才的创新能力和贡献，并给予恰当的激励，是人才管理中的又一大挑战。

做好数字化经济人才管理是当前企业的重要任务，同时也是一项艰巨的挑战。要营造一个鼓励创新、包容失败的文化氛围，并提供相应的激励机制，以激发人才的创新潜能。然而，如何在创新与风险之间取得平衡，是需要解决的难题。

为了应对这些挑战，企业需要与时俱进，采取积极的策略，以适应快速

变化的市场环境和技术发展。

（一）营造开放创新的文化氛围

营造开放创新的文化氛围的关键是领导者。领导者应具备数字化素养和战略眼光，营造鼓励创新、接纳失败的企业文化氛围，建立畅通的沟通渠道，促进团队内部的信息共享和合作，打破不同部门之间的壁垒，让员工敢于尝试新的想法和方法，引领企业在数字化经济中发展。

（二）数据驱动的人才决策

利用大数据和分析工具，企业可以对员工的绩效数据进行深入分析，了解员工的工作表现、技能水平和发展潜力。例如，通过数据分析可以发现员工在某些项目中的突出表现，为个性化的培训和晋升提供依据。同时，数据还可以帮助企业识别高潜力员工，以便为其提供更有针对性的发展机会。

企业可以建立员工绩效数据库，通过对比不同员工的绩效数据，发现优秀员工的共性和特点，这有助于企业更加精准地制定人才选拔和培养策略，提高人才管理的效率和效果。

基于数据的人才决策还包括对员工离职率、满意度等指标的监测和分析。通过定期收集员工的反馈和意见，企业可以及时发现潜在的问题，并采取相应的改进措施，提高员工的工作满意度和忠诚度。

（三）内部持续培养

数字化经济发展迅速，员工需要不断学习新的知识和技能。企业应提供丰富的培训资源和学习机会，鼓励员工自我提升。数字化经济需要跨领域的综合型人才，企业应通过内部培训、项目合作等方式，培养员工的跨领域能力和视野。

（四）加强人才的引进与留用

企业应积极招聘数字化领域的高端人才，并通过良好的职业发展机会、福利待遇和工作环境留住人才。

(1)提供有吸引力的薪酬和福利：确保薪资水平有竞争力，并提供全面的福利待遇，如健康保险、带薪休假、奖金等。

（2）打造良好的工作环境：创造积极、开放的工作氛围，提供舒适的工作条件和设施。

（3）给予职业发展机会：提供培训、晋升机会，帮助员工实现职业目标。

（4）制定个性化的激励机制：根据员工的个人需求和绩效，制定个性化的激励方案，包括薪酬、福利、晋升机会等，激发员工的积极性和创造力。

（5）强调企业文化和价值观：使员工认同企业的使命、愿景和价值观，增强员工的归属感。

（6）灵活的工作模式：为适应数字化时代的特点，企业应提供灵活的工作安排，如远程办公、弹性工作时间等，可以吸引更多的优秀人才，并提高员工的工作满意度。

（7）关注人才的身心健康：高压力的工作环境可能影响员工的身心健康，企业应关注员工的身心健康，提供相应的支持和关怀。

（8）加强人才培养和发展：投资员工的成长，提高他们的技能和能力。

（9）建立有效的沟通渠道：建立与员工的良好沟通渠道，以便及时解决问题和反馈意见。

（10）塑造良好的企业声誉：积极的企业形象有助于吸引人才，因此企业应维护良好的声誉。

三、案例分析：华为的创新文化和人才管理模式

华为公司是世界领先的信息与通信技术解决方案供应商，以其卓越的技术实力、创新能力和良好的市场声誉而著称，在全球范围内拥有广泛的业务和客户群体。

华为公司的产品和服务涵盖了多个领域，包括电信网络设备、智能手机、平板电脑、笔记本电脑、智能穿戴设备及企业解决方案等。华为公司致力于为客户提供高质量、创新的产品和技术，以满足不断变化的市场需求。

华为公司在研发方面投入巨大，拥有强大的研发团队和技术实力，不断推动技术创新，积极开展前沿技术研究，在5G、芯片、人工智能、云计算、物联网、操作系统等领域取得了显著的成果。华为公司的技术和产品在全球范围内为各个行业的数字化转型提供了有力支持。

　　除了技术实力，华为公司还注重客户服务和合作伙伴关系，与全球众多运营商、企业和合作伙伴建立了长期稳定的合作关系，共同推动行业的发展和创新。华为公司致力于为客户提供优质的售后服务和技术支持，确保客户满意和业务成功。

　　华为公司秉持"致力于把数字世界带入每个人、每个家庭、每个组织，构建万物互联的智能世界"的愿景，不断努力推动信息通信技术的发展，为社会和经济的进步做出贡献。

　　华为公司的成功，与其创新文化和人才管理模式密不可分。华为公司的高层曾说过："（华为的）实力来自开放创新，开放创新包括两个部分：技术开放创新、先进的管理。"

　　华为公司的创新并不是空洞的口号。任正非曾说："创新要宽容失败，创新是做人家没有做的事情，不能要求每一个创新都成功，创新成功是为社会创造财富，创新失败也给别人提供了经验。"正是有这样的理念，华为公司才有了一个勇往直前、不搞机会主义、大胆投入、不惧怕失败的创新文化和环境。

　　在创新方面，华为公司舍得在人力和资金方面进行巨大的投入。

　　从 1992 年开始，华为公司就坚持至少将每年销售额的 10% 投入研发。以 2023 年为例，华为公司实现全球销售收入 6 423 亿元，研发投入 1 615 亿元，研发费用率为 25.1%，全球排名第五，仅排在谷歌、Facebook、微软、苹果之后。最近十年，华为公司在技术创新的投入累计达 9 773 亿元，接近 1 万亿元。

　　截至 2022 年，华为公司的员工总数约为 20.7 万名，研发员工约为 11.4 万名，占比 55.4%，是全球各类组织中研发人数最多的公司。华为公司拥有数千名科学家，包括物理学家、化学家、材料学家等，其中许多是天价引进的天才级别的人才，以确保公司的创新处于世界领先地位。

　　引来凤凰，还要为凤凰筑巢孵化。科技创新需要有强大的平台将这些人才的智慧转化为成果，转化为产品。华为公司一直重视平台建设，设有多个研究所，并与世界知名大学、实力企业的合作。目前，华为公司的合作伙伴已超过 4 万家。

　　巨大的投入也带来了丰硕的成果，华为公司在通信设备、5G 通信技术、芯片技术、操作系统等方面都处于领先或相对领先的地位。据世界知识产权组织发布的最新统计数据显示，2023 年华为公司的专利申请量位居全球第一。

华为公司的企业文化是"以客户为中心，以奋斗者为本"。"以客户为中心"就是满足客户的需求，"以奋斗者为本"就是满足员工的需求。任正非曾说过："人才不是华为的核心竞争力；对人才进行有效管理的能力，才是企业的核心竞争力。"华为公司的人才管理可以说做到了极致，其人才体系的核心是"三位一体"的管理模式，也就是精准选才、倍速培养、高效激励。

华为公司的人才管理模式，如图 12-1 所示。

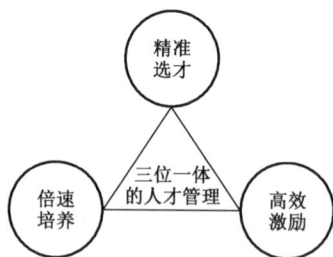

图 12-1　华为公司的人才管理模式

精准选才。首先是精准选择人才，只选择最合适的，而不是所谓的最好的。最合适人才的选择标准就是既要符合岗位的能力素质要求，其价值观又要与企业的核心价值观一致，价值观的重要性远远超过能力素质。其次是要对人才进行合理配置，用人所长，也就是把合适的人放在合适的岗位上，而且要充分利用。

倍速培养。华为公司的每位员工都要从最基层项目开始做起，实践好了再给机会，进行岗位轮换与赋能，循环做大项目，将来再担负更大的重任，成为领军人才。华为公司的人才培养机制与众不同，企业领导必须是人才培养工作的第一领导；中高级人才都是"教练员"，除了要完成工作目标，还要完成人才发展的目标。有了上级主管和专家一对一的指导和帮助，华为公司的员工成长速度明显加快。

高效激励。华为公司最被外人称道的就是其对人才的高效激励。华为公司的高薪是有名的，而高薪的背后则是"获取分享制"，贡献大回报就高。这里的回报不仅仅是薪酬、福利、奖金和股票期权这些物质回报，还有发展激励，即给人才提供学习与成长平台，以及职业发展与内部创业机会，给人才以广阔的发展空间。

独特的创新文化和人才管理机制，让每一位员工都能自觉主动地完成创新工作，也使华为公司成为全球通信行业的领头羊。

第十三章　数字化经济的全球化趋势和跨文化管理

在数字化经济的时代背景下，国际视野和跨文化管理的重要性日益凸显。随着全球经济的紧密联系和信息技术的飞速发展，企业和组织面临着更加多元和复杂的文化环境。

数字化经济下的国际视野要求我们超越国界，关注全球范围内的经济趋势和市场机会。通过互联网和数字平台，企业能够更容易地进入国际市场，与世界各地的客户和合作伙伴进行交流与合作。然而，要在国际市场中取得成功，仅仅了解技术是不够的，还需要深入理解不同文化之间的差异。

跨文化管理就是有效地管理和协调来自不同文化背景的员工、客户和合作伙伴。在数字化经济中，跨文化团队的合作变得更加普遍，这就需要领导者具备跨文化沟通和协调的能力。了解不同文化的价值观念、风俗习惯和沟通方式，能够帮助企业避免文化冲突，提高团队的合作效率。

一、数字化经济的全球化趋势和影响

当今时代，数字化经济正以惊人的速度发展，并呈现出全球化的趋势。数字化经济的崛起不仅改变了人们的生活方式，还对全球经济和社会产生了深远的影响。

数字化技术的快速发展是数字化经济全球化的主要驱动力。互联网的普及使信息传播变得更加迅速和便捷，让人们可以在瞬间获取全球各地的信息，打破了地域限制，促进了国际贸易和文化交流的繁荣。

跨境电子商务、数字支付等新兴业务应运而生，让中小企业能够更容易地进入国际市场，拓展业务。云计算、大数据、人工智能等技术的不断进步，为企业提供了更高效的运营方式和更广阔的市场空间。数字技术的应用降低了贸易成本和时间，提高了交易效率，企业可以很方便地通过跨境电子商务平台将产品销售到世界的各个角落，消费者也能够享受到来自不同国家的优质商品和服务。

数字化经济的全球化加速了产业升级和创新。各国企业在全球范围内展开竞争，不断推动技术创新和产业升级，以提高自身的竞争力。这不仅促进了经济的发展，还为人们带来了更高效、更便捷的生活方式。

当前，数字化经济在全球化时代的国际贸易中，发挥着越来越重要的作用。有学者在 2022 年发布的研究报告中指出，随着数字全球化水平的提升，全球贸易自由度预计将在现有基础上提高 2.16%，经济全球化水平将提高 4.11%，高科技出口量将提高 74.94%。这意味着，在数字全球化的时代背景下，制约国际贸易发展的主要因素不再是传统的贸易壁垒，而是技术壁垒。不断升级和突破的数字技术将冲击技术壁垒，同时培育新的经济增长动能，实现内生型经济增长。在数字经济全球化的背景下，技术突破仍然是抢占数字全球化优势的主要途径。数字技术促使数据不断更新，而不断变化的数据能够开拓更多的应用场景，全球链接和多端匹配符合数据的本质属性，也是全球化的必然要求。

此外，数字化经济的全球化也加速了各国之间的文化交流与融合。人们可以通过互联网随时了解世界各地的文化和风俗，促进了不同国家和地区之间的相互理解与合作。

然而，数字化经济的全球化也面临挑战。数据安全和隐私保护成为重要问题，各国需要加强合作，共同制定相关规则和标准。此外，数字鸿沟的存在可能导致发展中国家在数字化经济中处于劣势，需要国际社会共同努力来缩小差距。

面对数字化经济的全球化趋势，各国都在积极应对，加强政策引导和法律规范，推动数字化基础设施建设，培养数字化人才，以适应这一变革的浪潮。企业也应抓住机遇，加快数字化转型，提升自身的竞争力，从而在全球市场中谋求更大的发展。

数字化经济的全球化趋势不可逆转，它将为世界经济发展带来新的活力和机遇。我们应积极拥抱这一趋势，并以国际化的视野把握机遇。

二、数字化经济跨文化管理的挑战和策略

跨文化管理是指在多元文化的组织或环境中，有效地管理和协调来自不

同文化背景的人员、团队和业务活动的过程，避免潜在的法律风险和社会负面影响。跨文化管理是企业实现长期可持续发展的关键因素之一。

数字化经济时代，企业面临来自全球的机遇和挑战，一方面可以更容易地进入全球市场，另一方面国际市场的竞争也更加激烈。随着企业的国际化发展，企业的员工也可能来自不同的国家和地区，拥有不同的文化背景、价值观念和消费习惯，忽视文化差异可能导致误解、冲突和合作障碍。

通过有效的跨文化管理，企业可以更好地理解和满足当地市场的需求，提高产品或服务的适应性和竞争力，也可以促进不同文化背景的员工之间的沟通、合作与团队协作，提高员工的工作效率和满意度，减少文化差异带来的负面影响，建立和谐的工作环境和合作关系。

跨文化管理可以使不同的文化在碰撞和融合中激发创新和活力，通过吸收不同文化的观点和经验，企业能够获得更广泛的创意和解决问题的思路，了解不同文化背景下的客户需求和偏好，提供更加个性化和符合当地市场的产品和服务，提高企业知名度，打造一个能够与不同文化消费者产生共鸣的品牌形象，可以建立良好的企业声誉，增加业务机会，并在全球范围内建立稳定的合作伙伴关系，从而在数字化经济中取得竞争优势。

(一) 数字化经济跨文化管理面临的挑战

在数字化经济日益发展的今天，企业面临着跨越不同文化背景进行管理的挑战。数字化经济的全球化使企业需要与来自不同国家和文化背景的员工、客户和合作伙伴进行互动。这种跨文化管理带来了一系列独特的挑战，需要企业认真应对。

1. 文化差异

文化差异涵盖了多个方面，包括价值观念、沟通方式、社会习俗、消费者行为等。这些差异会直接影响企业在市场进入、产品设计、营销策略、员工管理等方面的决策。未能正确理解和应对文化差异可能导致误解、冲突和市场失利。

文化差异也会影响企业管理方式和决策过程。不同国家和地区的文化对于权力、领导风格、团队合作等方面可能有不同的看法和期望。此外，价值观念和道德观念的差异也是需要关注的问题。文化对于诚信、隐私、工作伦理等方面的理解可能不同。不同文化的差异可能导致沟通障碍、价值观冲突和行为方式的不一致，这可能影响团队合作、决策过程和客户关系。

2. 语言和沟通障碍

语言是跨文化交流的关键。语言和沟通障碍是数字化经济跨文化管理中的一个重要挑战。不同语言和文化背景下的沟通方式、符号和习俗都可能存在差异，这可能导致信息误解、信息丢失或传递不畅。此外，沟通风格和非语言行为信号的差异也可能引发问题。例如，有的国家认为用左手递东西是不礼貌的行为，在有的国家不可以随便触摸别人的头等。

3. 法律和法规差异

不同国家和地区的法律法规的体系不同，对数字化经济中的数据安全、隐私保护、网络安全、电子商务、知识产权等方面可能有不同的要求，这些差异可能限制企业在某些地区开展特定业务或使用某些技术。例如，某些国家对数据跨境传输有限制可能会影响企业的全球数据管理和业务拓展。此外，不同的法律环境可能导致决策的不确定性。一旦发生法律纠纷，解决起来可能更加复杂。

这些潜在的风险都增加了企业决策的复杂性和难度。如果企业不能很好地应对法律和法规差异，可能在竞争中处于劣势。所以，企业在跨文化经营时，需要了解并遵守当地的法律法规，否则可能面临法律责任和合规风险。

4. 消费行为和市场需求差异

不同文化背景下的消费者具有不同的购买习惯、偏好和需求。

不同文化背景下，人们的价值观念、消费观念、生活方式等存在差异；不同地区的市场需求也会受当地气候、经济发展水平、消费者偏好等因素的影响而不同，影响消费者的消费行为和企业的产品设计。因此，了解和满足这些差异对于企业的市场营销和产品设计至关重要。

5. 人力资源管理

在跨文化环境中，找到适合的本地人才并将其留住可能更具挑战性。不同文化对职业发展、工作生活平衡等的看法不同，这可能导致沟通困难、团队协作问题和管理上的挑战。在跨文化团队中，招聘、培训和激励员工需要考虑文化因素，领导和管理风格可能需要根据文化差异进行调整，以确保员工的融入和工作效率的提升。

6. 数据和隐私问题

不同国家对数据和隐私保护的法律和观念不同，这对数字化经济中的数据管理和跨境数据流动来说是一个挑战。不同文化对于数据和隐私的看法和重视程度也可能不同，一些文化可能更注重个人隐私，而另一些文化可能对数据的共享和使用持有更开放的态度。不同市场的用户对隐私的需求和期望也可能不同，这种差异可能导致在数据收集、使用和保护方面的观念冲突。在数字化经济中，数据被视为一种有价值的资源。不同国家可能对数据的主权和控制权存在争议，这可能影响跨国企业的数据管理和使用。

7. 技术和基础设施差异

不同国家和地区的数字化普及程度存在差异，有些地区可能缺乏必要的基础设施，如高速互联网、移动通信网络等，这可能限制了企业在该地区推广数字化业务和服务的能力。此外，不同国家和地区可能采用不同的技术标准和系统，导致数字化产品和服务在跨文化环境中面临兼容性和互操作性问题。不同文化背景下的技术人才供应和技能水平也可能存在差异，在某些地区，可能很难找到具备所需技术能力的员工，这可能影响数字化项目的推进和实施。

8. 社会和政治环境

不同国家和地区的法律法规、政治经济环境的变化可能导致政策的不稳定，如贸易摩擦、经济制裁、国家安全政策、税收政策、贸易政策、行业监管等，可能会影响企业的经营决策和战略规划。此外，社会的稳定程度、社会舆论等也会给企业的运营和发展带来风险和不确定性。

(二)数字化经济跨文化管理的策略

在全球化的背景下，企业需要制定有效的跨文化管理策略，使其在跨文化环境中实现数字化经济的有利发展。

1. 理解文化差异

在数字化经济日益发展的今天，跨文化管理已成为企业面临的重要挑战。不同国家和地区的文化差异可能对企业的数字化战略和运营产生深远影响。因此，深入理解文化差异是数字化经济跨文化管理的关键。

企业应该开展跨文化培训，提高员工对不同文化的认知和敏感度。通过了解文化差异，企业可以更好地预测和解决可能出现的问题，减少误解和冲突。

不同文化背景下的人们，对品牌、产品功能、设计风格等有不同的偏好，企业需要进行深入的市场调研，了解当地消费者的需求和喜好，以便有针对性地设计符合当地文化特点的产品和营销策略。

2. 建立多元文化团队

为了在全球范围内取得成功，企业需要建立多元文化团队。这样的团队不仅能带来更广泛的视角和创新思维，还能更好地适应不同文化市场的需求。

多元文化团队由来自不同文化背景的成员组成，他们带来了各种专业知识、技能和经验。这种多样性使团队能够从多个角度看待问题，提出更全面、创新的解决方案，为企业带来新的灵感和创意，有助于企业在激烈的市场竞争中脱颖而出。

在跨文化管理中，多元文化团队能够更好地理解和满足不同市场的需求。不同国家和地区的消费者有着不同的文化背景、价值观念和消费习惯。通过拥有多元文化团队，企业可以更准确地把握当地市场的特点，设计出更符合当地消费者需求的产品和服务。这样的本地化策略能够提高产品的接受度和市场竞争力。

此外，多元文化团队还有助于加强企业的全球影响力和竞争力。在全球化的市场中，与不同国家和地区的合作伙伴、客户进行有效的沟通和合作至关重要。多元文化团队能够更好地理解和适应不同的合作方式和商务礼仪，建立起良好的合作关系，为企业开拓更广阔的市场提供支持。

然而，建立和管理多元文化团队并非易事。企业需要建立开放和包容的企业文化，招聘和培养具有不同文化背景的员工，营造尊重和包容多元文化的工作环境，鼓励员工分享各自的文化经验，通过跨文化培训建立明确的共同价值观和目标，促进文化融合和团队建设，培养团队成员之间的信任与合作精神，鼓励团队成员发挥各自优势。此外，领导者需要具备跨文化管理的能力，能够有效地引导和协调多元文化团队的工作。

3. 灵活的本地化策略

在数字化经济中，灵活的本地化策略对于跨文化管理至关重要。不同国家和地区的消费者对于数字产品和服务的使用方式、偏好和需求可能存在很大差异。例如，某些地区可能更倾向于使用移动端应用，而其他地区可能更习惯于电脑端软件。不同文化对于颜色、图像的解读也可能不同。因此，企业需要深入了解目标市场的文化背景，有针对性地设计和优化产品界面、用户体验等。

此外，灵活的本地化策略还包括语言翻译和本地化内容创作。准确的翻译不仅能确保信息传达的准确无误，还能避免因翻译而引发的误解。同时，根据当地文化特点创作相关的内容，更容易与消费者建立情感共鸣，提升品牌形象和用户黏性。

灵活的本地化策略还应考虑到当地的法律法规和商业习惯，确保在本地化过程中遵守当地法律，避免不必要的法律风险。

本地化策略意味着根据目标市场的文化特点、消费习惯和法律法规等因素，对产品、服务、营销等方面进行定制化调整。企业可以在深入的市场调研的基础上，通过建立本地化团队或与当地合作伙伴合作来共同实施本地化策略。

4. 加强沟通与合作

有效的沟通与合作能够打破文化障碍，促进具有不同文化背景的人们的理解与协作，是跨文化管理的关键。

在跨文化管理中，沟通是建立良好关系的基石。企业需要培养员工的跨文化沟通能力，包括语言技能、文化敏感度和沟通技巧等。通过有效的沟通，团队成员可以更好地理解彼此的观点和需求，减少误解和偏见，提高工作效率和质量。

合作是实现共同目标的重要手段。在数字化经济中，跨文化团队需要共同合作完成项目和任务。具有不同文化背景的人们可以带来不同的专业知识和经验，通过合作可以实现优势互补，从而创造更大的价值。此外，合作还能够促进文化融合，增进团队成员之间的信任和友谊，打造一个积极和谐的工作环境。

5. 建立信任和关系

在跨文化环境中，信任是合作的基础。当不同文化背景的个人和团队共同工作时，他们需要相互信任，才能充分发挥各自的优势，实现共同的目标。信任可以促进信息共享、提高工作效率，并减少沟通和合作中的障碍。同时，建立良好的关系对于跨文化管理也至关重要。关系的建立需要双方彼此了解、尊重和包容。通过了解不同文化之间的差异，团队成员可以更好地理解彼此的观点和行为，避免产生不必要的误解和冲突。此外，良好的关系还可以增强团队的凝聚力和合作精神，提高员工的工作满意度和忠诚度。

企业可以通过加强文化培训，提高员工对不同文化的认知和理解，减少文化误解；营造尊重和包容的工作环境，建立透明的决策过程，注重团队建设，增进团队成员之间的了解和信任；在解决冲突时，秉持公平、公正的原则，尊重各方的意见和利益。

三、案例分析：苹果公司的国际视野和跨文化管理

苹果公司是世界科技行业的领军者，以其创新的产品和卓越的设计而闻名，其产品和文化影响了全球无数人的生活和工作方式。

苹果公司的历史可以追溯到 1976 年。从那时起，苹果公司就致力于推动科技的发展和改变人们的生活方式。苹果公司的产品涵盖了多个领域，包括个人电脑、移动设备、平板电脑和可穿戴设备等。其中，iPhone 系列手机无疑是苹果公司最具代表性的产品之一，以其简洁美观的设计、易用的操作系统和强大的功能而受到全球消费者的喜爱。

除了硬件产品，苹果公司的软件生态系统也非常强大，其操作系统 macOS 和 iOS 为用户提供了流畅、稳定的使用体验，并且与苹果公司的硬件产品完美兼容。此外，苹果公司还拥有自己的应用商店，为用户提供了海量的优质应用。

苹果公司的成功不仅得益于其出色的产品，还与它的创新文化密不可分。苹果公司始终坚持以用户为中心的设计理念，注重产品的细节和品质。同时，公司鼓励员工大胆创新，不断挑战传统，追求卓越。

国际视野和出色的跨文化管理也是苹果公司成功的关键。

苹果公司所有产品的研发、营销及制造，都是在不同国家和地区完成的，其关键部件制造和供应来自 183 家供货商旗下的 748 家工厂，这些工厂分布在美国、中国、德国、日本、韩国等 26 个国家和地区。苹果公司的产品完全是全球化国际分工合作的结晶。此外，苹果公司的软硬件产品的销售和服务网络更是覆盖全世界各个国家。可以说，苹果公司的国际视野和全球快速响

应能力，是其获得成功的关键。

在跨文化管理方面，苹果公司有其独到之处。在公司达到一定规模之后，苹果公司便开始大力布局实现国际化，以满足各地市场的需求。2010 年以来，苹果公司在美国境外的收入一直占总收入的 50% 以上，有时占比甚至达到 70%。

对于本地化，苹果公司有自己的理解。他们非常清楚地知道，只有实现本地化才能确保品牌在跨语言和跨文化时，仍能为客户带来一致的高品质体验。但他们的本地化并非只是简单地将用户界面翻译成本地语言。对他们而言，本地化意味着重新构想并调整产品和服务，以满足甚至超越当地市场的习惯和预期。苹果公司认为全球化不只是语言翻译，还需要更深入地适应当地文化，这是与许多跨国公司的做法完全不同的。

例如，在苹果公司的网站上，人们可以通过电话或聊天服务轻松获得本地语言的客服支持，网站上不同语言的内容均由当地的专业人士翻译，以确保目标语言所表达的语义与英语完全一致。

全球任何一处的苹果商店 Apple Store，内部都保留了统一标准的 Genius Bar(天才吧)或儿童游乐区。在建筑、外观和客户服务方面，每个商店又会根据各地的特点进行专门设计，目的是满足当地人的喜好。

苹果公司有 20% 的营收来自中国，中国是苹果公司最重要的市场。定制化内容是苹果公司吸引中国消费者的主要方式之一。例如，苹果在 2016 年更新了音乐创作软件 Garage Band(随身录音室)，不仅提供了中文支持，还添加了二胡和琵琶等中国传统乐器，受到中国音乐迷的喜爱。

苹果公司的广告创作也遵循了本地化策略。例如，在 2015 年圣诞节的电视广告中，虽然不同版本广告的故事情节都一样，但中文版的去掉了西方的圣诞节元素，从房间装修样式到片中的歌曲，都完全采用纯粹的中国风格。

苹果公司国际化与跨文化管理的成功，原因在于其深知不管是以地域划分的市场，还是以语言和文化定义的市场，品牌都必须在当地市场里产生共鸣，只要能达到这一目的，他们付出再多的成本和努力都是必要的，或许这正是很多企业需要学习的地方。

第十四章　数字化经济下酒类企业的转型

一、数字化经济对酒类行业的影响

在数字化经济的浪潮中，酒类行业正经历着深刻的变革。数字化技术的快速发展和广泛应用，为酒类企业带来了新的机遇和挑战。

数字化经济为酒类行业提供了广阔的市场和销售渠道。通过电子商务平台，酒类产品可以打破地域限制，触达更多的消费者。很多带有浓厚地域色彩的酒类产品，通过线上平台销售到全国，甚至全世界。同时，企业也能够根据数据分析和互动反馈更好地了解消费者需求，进行精准营销。

与之相对应的，酒类消费者的行为也发生了很大的变化，越来越多的消费者选择在网上购买酒类产品。由于线上销售平台提供了更丰富的产品选择，以及信息的便捷性，使消费者在购买前能够更加全面地了解产品，更加方便地比较价格，从而做出更加理性的决策。社交媒体的普及也对酒类消费者的行为产生了重要影响。消费者通过社交平台分享酒类消费体验，发表对不同品牌和产品的看法。这种口碑传播在消费者购买决策中扮演着越来越重要的角色。

数字化营销手段为酒类企业带来了更多的品牌推广机会。社交媒体、互联网广告和内容营销等数字化营销方式，使企业能够与消费者进行更紧密的互动，传递品牌价值和文化。大数据分析和人工智能技术的应用，也有助于企业更好地了解消费者的行为和喜好，优化营销策略，提高品牌知名度和市场份额。

此外，数字化经济促进了酒类行业供应链的优化。物联网、区块链等技术可以实现酒类产品从生产、物流到销售的全程追溯和管理，提高供应链的透明度和效率。同时，智能化仓储和物流系统的应用，能够降低成本，提高配送速度，提升消费者体验。

然而，数字化经济也给酒类行业带来了一些挑战。例如，线上销售平台的竞争更加激烈，价格透明化程度提高，企业需要不断提升产品质量和品牌形象来吸引消费者。

因此，酒类企业需要积极拥抱变革，加强数字化战略布局，加大对数字化技术的投入，提升企业的信息化水平，注重数据分析和应用，以数据驱动决策，优化产品和服务。同时，加强与电子商务平台、科技企业的合作，共同探索创新的商业模式和营销策略，也是酒类企业在数字化经济中保持竞争力的关键。

数字化经济为酒类行业带来了新的发展机遇，同时也提出了新的挑战，只有积极适应数字化潮流，不断创新和进化的酒类企业，才能在激烈的市场竞争中立于不败之地。

二、数字化经济时代酒类企业的核心竞争力

传统的酒类企业的竞争力一般体现在产品、历史、品牌、渠道、价格等方面，但在数字化经济时代，酒类企业最核心的竞争力除了产品之外，就是信息力。

人类社会进入数字化经济时代之后，社会的运转方式和特性有了显著的改变，社会呈现非连续跳跃式的发展，并且具有高度的不确定性，而非连续跳跃式发展的特征加剧了这种不确定性。这种改变源于数字信息成为关键生产要素，获取并利用这些数字信息，洞察趋势，进而降低不确定性的影响，成为提升企业核心竞争力的关键。

随着产业与数字科技日益融合，企业开始向数字化、网络化、智能化的方向不断转变，重塑了企业的经营方式和竞争生态。根据国际数据公司（IDC）的报告显示，全球1 000强企业中的67%、中国1 000强企业中的50%，都把数字化转型作为企业战略的核心要素之一。

信息力是以信息技术为核心的新技术在应用过程中形成的一种新动力，是当前推动企业向数字化、网络化、智能化转型和发展的核心驱动力，能够帮助企业构建新的商业模式和生态系统，实现数字化转型，有助于企业保持或形成新的竞争优势。

信息力成为核心竞争力的最主要原因，在于通过对数字化信息的及时获

取、有效控制和高效利用，降低或消除不确定性，并将无形的数据转换为有形的物质和能量，进而快速、便捷、高效地促进企业的持续发展、利润扩大、品牌影响力提升。

酒类行业当前面临着存量市场的激烈竞争。酒类产品对于作为消费主力之一的新生代年轻人的吸引力在减弱，酒类产品整体需求下降。所以，凭借企业的信息力洞察市场变化和趋势，进行具有前瞻性的决策和布局，在不确定的跳跃式发展的市场中寻求确定性，以创新性的商业模式和运营手段提升企业竞争力，对于当前酒类企业的生存和发展来说就变得尤为重要。

三、传统的酒类企业的数字化转型

如果信息力成为数字化经济时代酒类企业的核心竞争力，那么传统的酒类企业进行数字化转型则势在必行。传统的酒类企业进行数字化转型的关键步骤主要有以下几个。

（一）数智化生产

数智化生产与传统的生产相比，其最为显著的优势在于降本、提质、增效。

在降低成本方面，自动化酿酒设备和包装设备的使用减少了人工成本。同时，智能化管理系统对生产过程的控制减少了原材料和能源的浪费。以国台庄园的智能酿造车间为例，其耗水量降低了78%，天然气使用量降低了17%，综合能耗相比国内清洁生产领先指标降低了53%，这对于白酒企业实现绿色可持续的高质量发展具有重要意义。

在提高质量方面，智能酿造能够精确控制酿造过程中的关键参数，如温度、湿度等，从而确保产品质量的稳定性和一致性。红星二锅头酿造基地采用了装甑机器人、量质摘酒系统等先进酿造设备，每个工艺环节都进行了精细化控制，实现了粮食和酒醅不落地的"一净到底"，产品品质更受消费者信赖。

在增加效益方面，传统的白酒酿造的过程非常繁杂，对酿酒师傅的经验和技艺依赖程度较高。智能化酿造技术通过传感器、数据分析和人工智能算法，实现了对生产过程的实时监测和调控，取代了重复性劳动，大大提高了酿造效率。有数据表明，与传统人工踩曲相比，智能化压制曲块的外形更加统一，品质更加稳定，人均生产效率可提高 40%。

目前，加快数智化产业转型升级已成为各大白酒企业的重要战略方向。贵州茅台、五粮液、泸州老窖、洋河、西凤酒、习酒等各大白酒企业近年来纷纷投入大量资金和技术力量，建设智能酿造工厂。数智化产业升级正在切实影响着酒类行业未来的发展方向和竞争格局。

(二)搭建线上平台实现全渠道营销

在数字化时代，通过搭建线上平台，企业可以拓展销售渠道、提升品牌影响力、提高运营效率，还可以与线下渠道相互补充，形成全渠道营销，从而更好地满足消费者需求。

传统的酒类企业搭建线上平台，需要明确线上平台的定位和目标，包括确定平台功能、服务对象及预期收益。同时，企业需要选择合适的线上平台建设方案，包括自主开发平台、使用第三方电子商务平台或与专业的线上平台建设公司合作。在选择方案时，需要考虑成本、技术支持、功能扩展等因素。

在搭建线上平台时，企业应向消费者提供清晰的产品信息，通过高质量的图片、详细的产品描述和视频等方式，充分展示酒类产品的特点和优势；要提供及时、专业的在线客服，及时解决用户的问题和反馈；注意收集和分析用户数据，以便了解用户需求和行为，优化产品和营销策略。

(三)信息力驱动

无论是决策还是营销，都要以数据形成的信息力作为驱动力，以信息力指导决策，利用大数据分析消费者的行为和喜好，进行精准营销，从而提高销售效率。

(四)持续创新

在数字化经济时代，创新是企业可持续发展的关键，对于酒类企业同样如此。近年来，中国白酒的总产量呈现出持续下降的态势。2016 年中国白酒产量达到了峰值，此后便一路下滑。到 2021 年，白酒产量较峰值已下降了47.3%。我国白酒产量屡创新低，这表明行业已经提前进入了注重品质提升和优胜劣汰的发展阶段。

当前，我国酒类企业的创新非常活跃。年轻人是当前的主要消费群体，也是未来中国白酒新的增长点。考虑到消费者的更新换代，白酒走向新一代消费者的速度正在加快。以江小白、谷小酒等为代表的品牌，通过线上营销、线下品牌活动等方式，重新定义了白酒对消费群体的影响力，实现了白酒对年轻群体的市场教育。传统的白酒企业也在不断创新，近年来已打造出 200 多款适合年轻人饮用的"小酒"，如五粮液的火爆原度小酒和歪嘴酒、泸州老窖的泸小二、汾酒集团的闹他小酒、郎酒集团的小郎酒等。

（五）个性化定制

通过市场调研、消费者反馈等方式，深入了解消费者的口味偏好、购买动机等信息，并以这些信息为依据，提供多样化的定制选项，包括酒的品种、酒精度数、包装设计等方面，如个性化企业品牌酒、礼品酒、收藏酒、适合年轻人饮用的中低度数酒等，让消费者能够根据自己的需求和喜好进行选择。这类产品在设计时突出品牌的个性化定制特色，再通过社交媒体平台宣传，扩大品牌影响力，增加产品附加值，与消费者进行互动，增强用户黏性。

（六）社交媒体营销

在数字化时代，社交媒体已成为企业推广品牌、增加销售和与消费者互动的重要渠道。对于传统的酒类企业来说，利用社交媒体营销可以有效地拓展市场、提高品牌知名度和提高消费者忠诚度。

采用社交媒体营销策略时，企业需要明确目标，如增加品牌知名度、促进销售或与消费者建立更紧密的联系；要确定自身品牌的定位，以便在社交媒体上展现独特的形象。

社交媒体营销要根据目标受众的特征和行为习惯，选择适合的社交媒体平台。例如，年轻人更倾向于使用抖音、快手等，而中年人更关注微信、微博等。

内容是社交媒体营销的核心，包括产品介绍、品鉴心得、酒文化知识、活动信息等。要确保内容质量高、有价值，通过一致的品牌声音、视觉形象和价值观，在社交媒体上塑造独特的品牌形象。

除日常内容之外，可不定期组织线上竞赛、促销活动、品酒活动等，吸引消费者参与，活动可与有影响力的达人或行业专家合作，借助他们的影响力推广品牌，增加品牌曝光度。

线上活动可与线下活动、促销等相结合，提供全方位的品牌体验。

(七)优化供应链

在竞争激烈的酒类市场中，优化供应链对于传统的酒类企业而言至关重要。有效的供应链管理可以提高效率、降低成本。酒类企业应采用先进的预测方法和数据分析工具准确预测市场需求，以便合理安排生产，避免过度生产或生产不足。通过实施精细化的库存管理策略，降低库存水平，减少资金占用。

在对外合作方面，企业应与优质供应商、物流建立长期合作关系，确保原材料的质量和供应的稳定性，降低物流成本，缩短交货时间，建立供应链管理信息系统，与合作伙伴间实现信息的实时共享和协同管理。

(八)电子会员制度

在数字化的商业环境中，建立电子会员制度已成为传统酒类企业提升客户忠诚度和提高销售额的重要手段。电子会员制度应设置不同的等级，提供相应的优惠和特权，设计具有吸引力的线上、线下会员专属活动，定期推送个性化的营销信息，设立专门的客服渠道，及时解决会员问题，促进消费者重复购买，提升会员等级。

(九)品牌故事传播

品牌故事是传统的酒类企业与消费者建立情感连接的重要手段。一个引人入胜的品牌故事可以使消费者更容易理解和接受品牌的价值观，从而提升品牌的影响力和客户忠诚度。

品牌故事是从创始人背景、企业的发展历程、传统工艺等独特且有价值的故事元素中发掘的，应具有内在的一致性和可信度，能够让消费者产生情感共鸣，从而更容易记住和分享品牌故事。品牌故事应利用社交媒体平台、官方网站、线下活动、产品包装等多种渠道进行传播，并鼓励消费者分享品牌故事。通过有效传播品牌故事，传统的酒类企业可以在消费者心中树立独特的品牌形象，提升品牌价值和竞争力。

四、传统的酒类企业的数字化商业模式设计

酒类产品属于大众日常消费品，作为酒类企业，可以围绕数字化核心，以信息力驱动，从制造、营销、用户、文化四个维度来设计数字化商业模式，通过数字化技术提升生产效率和质量控制，利用社交媒体和大数据实现精准营销，通过线上会员体系和个性化服务提高用户满意度，借助数字化平台传承和弘扬酒文化。

（一）制造维度

（1）智能化生产：采用自动化设备，以及物联网、大数据等技术，实现生产过程的智能化和自动化，优化生产流程，提高生产效率和产品质量。

（2）定制化生产：利用数字化平台，收集用户需求和偏好，开展定制化生产，满足消费者的个性化需求。

（3）配方优化：基于大数据分析改进酒的配方，满足消费者的口味需求。

（4）质量追溯：通过数字化手段实现对产品质量的追溯和监控。

（二）营销维度

（1）数字营销：借助社交媒体、电子商务平台等数字渠道，以电子商务、电商直播、社区团购等多种方式，进行精准营销和品牌推广，利用消费者数据进行个性化推荐和促销。

（2）数据驱动营销：通过大数据分析，了解消费者行为和市场趋势，优化营销策略。

（3）社群营销：建立品牌社群，开展线上、线下活动，提升用户黏性和品牌忠诚度。

（4）内容营销：讲好品牌故事，创建与酒类知识和文化相关的优质内容，吸引用户。

（5）全渠道营销：在开拓线上渠道的同时，精耕原有的专营店、商超、经销商等线下渠道。

（三）用户维度

（1）会员体系：建立会员制度体系，提供积分、价格等专属优惠和服务，

提高用户忠诚度，鼓励会员重复消费。

（2）个性化服务：基于用户数据，提供个性化的产品推荐和服务。

（3）反馈机制：设立专门的客服体系，及时收集用户反馈，改进产品和服务。

（四）文化维度

（1）品牌故事：通过数字化手段，以及线上、线下活动，传播与酒相关的历史、企业品牌故事和文化内涵，提升品牌价值，增强品牌吸引力。

（2）酒文化教育：利用线上课程、线下活动等方式，普及酒文化知识，培养消费者对酒的认知和品味。

（3）文化周边产品：开发与酒文化相关的周边产品，拓展品牌影响力。

（4）跨界合作：与文化、艺术等领域进行跨界合作，打造独特的品牌形象和文化体验。

传统的酒类企业的数字化商业模式设计，如图 14-1 所示。

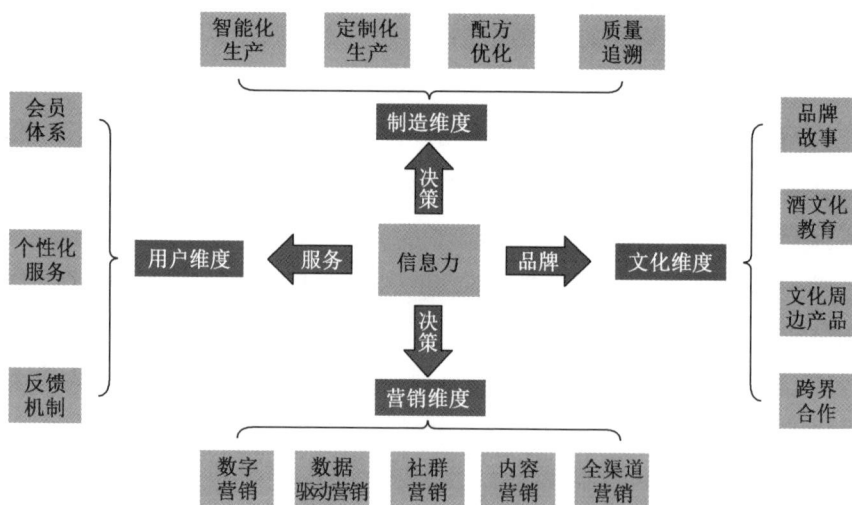

图 14-1   传统的酒类企业的数字化商业模式设计

五、案例分析：泸州老窖的数字化转型

泸州老窖是中国白酒的杰出代表，其产品以浓郁的香气、醇厚的口感和

悠长的余味而闻名，无论是香气的层次，还是口感的丰富，都能给人带来无与伦比的饮酒体验。除了优质的产品，泸州老窖还承载着丰富的文化内涵。它代表了中国传统白酒文化的精髓，传承着百年的历史和智慧。在市场上，泸州老窖享有高度的声誉和广泛的认可。它不仅在国内受到消费者的喜爱，还在国际市场上崭露头角，成为中国白酒的一张名片。

2019 年 12 月，泸州老窖入选"2019 中国品牌强国盛典榜样 100 品牌"。2020 年 9 月，泸州老窖在"中国企业 500 强"中位居 366 名。2022 年，泸州老窖集团实现营业收入 251.24 亿元，净利润成功突破 100 亿大关，稳居行业前三名。

近年来，酒类产品的需求发生了较大变化，这给行业的发展带来了冲击。在此背景之下，数字化建设成为泸州老窖谋求发展的关键支撑点。身为中国优秀传统企业之一的泸州老窖，直面数字化经济发展的大趋势，迅速构建起信息化的应用系统架构，通过数字化建设推动企业的发展，为白酒行业的数字化转型提供了成功的范本。

在智能化生产方面，泸州老窖集团全力推进数智酿造效能的提升，以"传承古法、纯粮酿造、守正创新、数智驱动"为宗旨，建成中国白酒行业首家设备智能化、管理标准化、品质一流化的"灯塔工厂"。该工厂运用人工智能、数字孪生、云计算、工业物联网等新一代智能制造技术，整合了 6 大信息系统，使 5 条灌装生产线平均生产速度达 15 000 瓶/时，生产效率提高了 2 倍以上，极大地提升了泸州老窖供应链数字化水平。目前，泸州老窖集团正在全力打造固态酿造行业自动化和智能化规模第一、水平第一，酒曲产能第一，综合保障能力第一的智能化有机生态酿酒产业集群。

在渠道管控方面，泸州老窖大力推进"一物一码"建设，使瓶、箱、盒、盖、物流这 5 个二维码在前端公众号和小程序中相互关联，通过 SCRM(Social Customer Relationship Management，社会化客户关系管理)系统实现了对生产流程、渠道表现、终端表现、库存状况、促销反应等各项数据的实时数字化追踪。这不仅让经销商渠道的信息更加透明，而且可以触达消费者，逐渐建立起自己的私域流量，获得消费者的基本数据和行为数据，既节省了流量成本，又可以为消费者提供更高质量的服务，从而为泸州老窖的营销活动提供最有力的支撑。

在数字化营销方面，泸州老窖开辟线上、线下全渠道营销，除电子商务平台促销、社群营销、电商直播等常见的数字化营销手段之外，泸州老窖还不断尝试跨界联名、私域流量池等数字化创新营销方法。

当前我国的白酒市场的增量主要来自年轻消费者。泸州老窖依靠电子商务平台营销迎合年轻消费者的消费习惯，利用社群私域与年轻消费者随时沟通反馈，通过跨界营销在年轻消费者中一直保持着很高的话题度与热度。2016年，电视剧《三生三世十里桃花》在年轻人中爆火，泸州老窖就顺势推出"桃花醉"产品。之后，泸州老窖再度跨领域与气味图书馆联名推出了"顽味香水"，与雪糕品牌钟薛高携手推出了"断片"雪糕，与国货彩妆品牌花西子共同打造了国风联名定制礼盒，与军武科技联名推出了军事主题纪念珍藏版的"泸州军武"，泸州老窖将"只有你想不到，没有我做不到"发挥到了极致。

2020年，泸州老窖集团与阿里巴巴集团的蚂蚁链达成共识，联手打造白酒数字资产，打通线上线下的流通、消费、金融等场景，创建白酒行业首家区块链产业联盟。联盟涵盖品牌商、经销商、消费者、仓储物流及金融机构，目标是建设"数字化+流通+金融服务"三位一体的白酒数字化流通平台。在该平台上，泸州老窖的每一瓶酒都将使用区块链和物联网技术，赋予唯一的"区块链数字身份证"，以达到保真、保值、可流通的目的，从而满足消费者饮用、收藏、投资等复合需求。其金融服务以泸州老窖为核心，以供应链金融服务平台为载体，为供应商、经销商等上下游相关企业提供更好的金融服务。打造白酒数字化流通平台成为泸州老窖向数字化转型的又一个重要标志。

第十五章　数字化经济的发展趋势和挑战

在信息时代，数字化经济已成为当前全球经济发展的重要引擎。随着科技的不断发展，数字化经济的发展空间将会越来越广阔。

一、数字化经济的发展趋势

未来，数字化经济将继续保持快速发展的态势，并呈现出以下趋势。

(一)人工智能与大数据的深度融合

人工智能与大数据的深度融合是未来发展的必然趋势。人工智能作为一种模拟人类智能的技术，其发展离不开大数据的支持。大数据提供了海量的数据资源，使人工智能能够更好地学习和理解人类的行为、思维和语言模式。通过对大数据的分析和挖掘，人工智能可以实现更准确地预测、更智能的决策和更个性化的服务。大数据的价值也在与人工智能的融合中得到了充分体现。人工智能技术可以帮助我们从庞大的数据中提取有价值的信息，并进行高效的分析和利用。这种深度融合使数据不再是一堆数字，而变成了具有实际意义和价值的知识和洞察。

在实际应用中，人工智能与大数据的深度融合已经取得了许多令人瞩目的成果。例如，在医疗领域，通过对大量医疗数据的分析，人工智能可以辅助医生进行疾病诊断和治疗方案的制定；在金融领域，智能风控系统可以利用大数据和人工智能技术对风险进行实时监控和预警；在交通领域，智能交通系统可以根据实时交通数据进行路况预测和优化。今后，在教育、零售、制造业等众多领域，人工智能与大数据的深度融合将带来前所未有的创新和发展。

(二)产业互联网的崛起

产业互联网是指将互联网技术深度应用于各个传统行业，通过数字化、网络化、智能化等手段，提升产业效率，优化资源配置，推动产业升级。它不同于消费互联网，更注重与实体经济的融合，为企业提供更精准、高效的服务。

产业互联网的崛起，源于信息技术的飞速发展和传统产业的数字化转型需求。随着云计算、大数据、人工智能等技术的日益成熟，企业能够更高效地收集、分析和利用数据，实现产业链的优化和创新，这不仅可以提高生产效率、降低成本，还能创造出更多新的商业模式和价值。

在产业互联网的驱动下，各行业将迎来深刻变革。制造业将实现智能化生产，并通过物联网技术连接设备和生产流程，实现精准控制和高效管理。供应链领域将借助大数据和区块链技术，提高供应链的透明度和安全性，实现物流、信息流和资金流的协同。金融行业也将受益于产业互联网的发展，推出更个性化、便捷的金融服务。

此外，产业互联网还将促进企业之间的协同合作。通过互联网平台，企业能够更好地整合资源、共享信息，形成更强大的产业生态系统，这将有助于提升产业的整体竞争力，推动经济的持续发展。

在数字化经济的浪潮中，产业互联网正逐渐崭露头角，成为未来发展的大趋势。它将互联网的创新成果与传统产业深度融合，加速传统行业的数字化转型。农业、工业、金融等行业将通过互联网技术实现产业链的优化和升级，催生新的商业模式和经济增长点。

(三)数字化治理的重要性日益凸显

随着数据在数字化经济中的地位越来越重要，政府和企业将更加注重数据安全、隐私保护、合规管理等问题。加强数字化治理体系建设，有利于提升治理效能，推动社会进步。

(四)区块链技术的广泛应用

区块链技术具有去中心化、不可篡改、安全可靠等特点。这些特点使其在众多领域有广泛的应用前景，也预示着它将成为未来的大趋势。

在金融领域，区块链技术可以用于数字货币的发行和交易，提高支付结算的效率和安全性。同时，区块链技术还可以用于银行间转账、证券交易等领域，降低交易成本，提高交易透明度。在供应链领域，区块链技术可以记录商品的生产、运输、销售等信息，保证信息的真实性和可靠性，有助于解决供应链中存在的信息不对称、追溯困难等问题，提高供应链的效率和管理水平。在物联网领域，区块链技术可以实现设备之间的可信交互和数据共享，确保设备的安全性和可信性。例如，智能家居、智慧城市等领域可以利用区块链技术实现设备的互联互通和数据的安全传输。

此外，区块链技术在政务、医疗、版权保护等领域也有着广泛的应用前景。它可以提高政府部门的工作效率和服务质量，保障医疗数据的安全和隐私，保护知识产权等。

然而，区块链技术的广泛应用仍面临一些挑战，如技术标准不统一、性能受限、法律法规不完善等。但随着技术的不断进步和相关政策的逐步完善，这些问题将得到逐步解决。

(五)边缘计算的发展

随着物联网、人工智能等技术的不断发展，数据处理的需求日益增长。在这样的背景下，边缘计算作为一种新的计算模式，将成为处理海量数据的重要手段，以提高数据处理的效率和实时性。

边缘计算是指在靠近数据源头的地方进行数据处理，而不是将数据传输到云端进行处理。这种计算模式具有低延时、高效率、节省带宽等优势，能够更好地满足实时性要求的应用场景。

边缘计算的发展将对各个领域产生深远影响。在工业领域，边缘计算可以实现设备的智能化监控和管理，提高生产效率和质量。在智能交通领域，边缘计算可以实时处理交通数据，优化交通流量，改善交通拥堵状况。在医疗领域，边缘计算可以用于远程医疗、智能医疗设备等，提高医疗服务的质量和效率。

此外，边缘计算的发展还将推动云计算与边缘计算的协同。云计算将继续承担大规模数据存储和计算的任务，而边缘计算则负责处理实时性强、对延时要求高的数据。这种云边协同的模式将为各种应用提供更高效、更可靠的计算支持。

（六）绿色数字化经济的兴起

在全球环保意识不断提高的背景下，数字化经济也将朝着更加绿色、可持续的方向发展。绿色数字化经济将绿色发展理念与数字化技术相结合，旨在实现经济增长与环境保护的双赢，这将助力实现可持续发展目标，推动能源、环境等领域的创新。

绿色数字化经济的兴起得益于数字化技术的快速发展。大数据、人工智能、物联网等技术的应用，为资源的高效利用和环境的精准治理提供了可能。例如，通过数字化监控系统，可以实时监测能源消耗和环境污染情况，为企业节能减排提供数据支持。同时，绿色数字化经济也有助于推动传统产业的转型升级。在制造业领域，数字化技术可以优化生产流程，降低能源消耗和废弃物排放；在农业领域，通过物联网技术可以实现精准灌溉和施肥，提高资源利用效率。此外，绿色数字化经济还催生了一批新兴产业，如绿色金融、智能环保等，为经济增长提供了新的动力。

绿色数字化经济的发展还将促进社会可持续发展。它不仅可以减少资源浪费和环境污染，还能提高生活质量，创造更多的就业机会。同时，绿色数字化经济也有助于推动全球气候治理，实现人类社会的可持续发展目标。

（七）数字鸿沟的缩小

在信息时代，数字技术的快速发展给人们的生活带来了巨大的变化。然而，数字鸿沟的存在却使一部分人无法享受到数字技术带来的便利和机遇。随着社会的进步，数字鸿沟逐渐呈现出缩小的趋势。

数字鸿沟主要体现在不同地区、不同群体之间在获取和利用数字资源方面的差距。这种差距不仅影响了个人的发展，也制约了社会的整体进步。为了缩小数字鸿沟，各国政府、企业和社会组织都在积极采取措施。

教育是缩小数字鸿沟的关键。通过加强教育投入，提高教育质量，尤其是在农村和贫困地区，人们可以获得更多的数字知识和技能，从而更好地适应数字时代的要求。

技术创新也为缩小数字鸿沟提供了有力支持。例如，智能手机的普及和价格降低，使更多人能够接入互联网，享受到数字服务。此外，互联网企业也在不断推出适合不同群体的产品和服务，满足多样化的需求。

政策和法规的完善也对缩小数字鸿沟起到了重要作用。政府可以制定相关政策，鼓励和支持电信运营商、互联网企业等在农村和贫困地区提供更加优惠的服务，促进数字基础设施的普及。

同时，社会各界的合作和努力也是必不可少的。非政府组织、志愿者团体等可以通过开展培训和科普活动，帮助那些处于数字鸿沟中的人们提升数字素养，让他们更好地融入数字社会。

随着数字技术的不断发展和普及，数字鸿沟必将逐渐缩小，为每个人提供更平等的发展机会，推动社会的公平与和谐。

二、数字化经济发展的机遇和挑战

高速发展中的数字化经济，同样是机遇和挑战并存的。

数字化经济的发展为企业和个人提供了更多的发展机会。一方面，企业可以通过数字化技术提高生产效率、降低成本，开拓新的市场和商业模式。例如，电子商务、共享经济、智能制造等领域的快速发展，为企业创造了新的增长空间。另一方面，个人可以通过互联网平台获得更多的信息和资源，实现自身价值的最大化。

同时，数字化经济也促进了产业升级和创新。随着信息技术的不断进步，互联网与传统产业的深度融合，将为各行业带来前所未有的变革和机遇，传统行业借助数字化技术实现转型升级，提高产业竞争力，新兴产业如人工智能、大数据、区块链等也在不断涌现，为经济增长注入新动力。

然而，数字化经济的发展也带来了一系列挑战。数据安全和隐私保护是亟待解决的问题。随着数字化程度的加深，数据泄露和滥用的风险也日益增加，需要加强法律法规和技术手段的保障。此外，数字化经济可能导致部分传统行业的就业岗位减少，也对劳动力的数字技能提出了更高要求。这需要加强教育和培训，提升劳动者的数字素养，以适应新的就业市场需求。

此外，数字化经济的发展也可能加剧地区和城乡之间的发展不平衡。一些地区可能由于基础设施不完善、数字技术应用能力不足等原因，无法充分享受数字化带来的红利。

为了应对这些机遇和挑战，政府、企业和个人需要共同努力。政府应加强数字基础设施建设，制定合理的政策法规，促进数字经济的健康发展。企业需要加大技术创新和人才培养力度，提升自身竞争力。个人则应不断学习和提升数字技能，以适应数字化时代的发展需求。

三、数字化经济发展的策略

数字化经济已成为全球经济发展的关键驱动力，其未来的发展前景广阔。然而，要实现数字化经济的可持续发展，需要采取有效的应对策略。

首先，要加强数字化软硬件基础设施的建设。政府应加大对高速宽带网络、数据中心等基础设施的投资，提高数字化的覆盖范围和质量，为数字化经济的发展提供坚实的支撑。同时，政府和企业应共同制定和执行严格的数据安全法规，加强对数据安全和隐私保护，加强数据加密技术的研究和应用，确保个人和企业的数据安全。

其次，需强化科技创新。应加大对数字化技术研发的投入，培育一批具有国际竞争力的创新型企业。鼓励企业加强自主创新能力，推动数字化技术的应用和落地。科技创新离不开数字化人才，学校和企业应密切合作，加强对数字技能人才的培养，使其具备数据分析、编程和创新的能力，以满足数字化经济发展的需求。

再次，促进产业数字化转型，建立开放包容的数字化生态系统，是推动数字化经济发展的重要途径。企业应积极采用数字化技术，优化业务流程，提升生产效率和竞争力。政府、企业和研究机构也应加强合作，共同推动数字化创新，促进数字技术的共享和应用。

最后，加强国际合作有助于推动数字化经济的全球化发展。各国应加强数字化经济领域的交流与合作，共同应对全球性挑战。

通过以上策略，我们可以更好地应对数字化经济未来发展的挑战，实现经济的可持续增长和社会的全面进步。